100 DIOSES DEL OLIMPO

DE NIÑOS A SUPERHÉROES

100 DIOSES DEL OLIMPO

ALBERTO LATI

ILUSTRADO POR BARRILETE CÓSMICO

100 dioses del Olimpo
De niños a superhéroes

Primera edición: febrero, 2020

D. R. © 2019, Alberto Lati

D. R. © 2020, derechos de edición mundiales en lengua castellana:
Penguin Random House Grupo Editorial, S. A. de C. V.
Blvd. Miguel de Cervantes Saavedra núm. 301, 1er piso,
colonia Granada, alcaldía Miguel Hidalgo, C. P. 11520,
Ciudad de México

www.megustaleer.mx

D. R. © Barrilete Cósmico, por las ilustraciones de interiores y la portada

ISBN: 978-607-318-836-4

Impreso en México – *Printed in Mexico*

El papel utilizado para la impresión de este libro ha sido fabricado a partir de madera
procedente de bosques y plantaciones gestionadas con los más altos estándares ambientales,
garantizando una explotación de los recursos sostenible con el medio ambiente y beneficiosa para las personas.

Penguin
Random House
Grupo Editorial

A mi Olimpo de cuatro cumbres y sus anhelos que son los míos.
A quienes no saben de límites y su escalada que es la de la humanidad.

EL OLIMPO SE MERECE

En vez de esperar a que un Oráculo de Delfos predijera sus hazañas, ellos se apegaron a la más férrea determinación para triunfar.

Si en la antigua Grecia no había escapatoria a lo que se profetizara en ese santuario, en los Olímpicos modernos la gloria no escaparía a su obstinado afán.

Sueños transformados en destino a golpe de perseverancia, los 100 dioses de este libro tienen en común que, habiendo logrado lo máximo, bien pudieron ser muy poco o casi nada. El éxito sólo garantizado con trabajo y voluntad de acero.

Del hiperactivo Michael Phelps que odiaba meter el rostro a la piscina, al hipercompetitivo Usain Bolt que prefería no correr por miedo a perder. Del Carl Lewis frustrado porque no crecía (lo apodaban *Shorty*, chaparrito), a la Yelena Isinbáyeva asustada porque crecer demasiado la imposibilitaba para la gimnasia. Del Greg Louganis con la niñez más trágica, a la Simone Biles que por intervención de su abuelo dejó de criarse en un orfanato. De la Ágnes Keleti que compró una identidad para subsistir al nazismo, al Viktor Chukarin que dominó los Olímpicos tras pasar por campos de concentración en la Segunda Guerra Mundial. De la Gail Devers expuesta a una amputación, a la Wilma Rudolph que no iba a caminar. De una leyenda de la halterofilia cruzando a escondidas a Grecia, a otra pidiendo asilo para huir de donde le habían exigido hasta cambiar de nombre. De Eliud Kipchoge en una aldea montañosa en Kenia, a Nadia Comăneci peleando porque no le permitían jugar futbol, a Mo Farah discriminado en la Gran Bretaña de la que sería *sir*, a María del Rosario Espinoza barriendo donde lanzaría patadas, a Johnny Weissmüller tomando el acta de nacimiento de su hermano antes de inmortalizarse como Tarzán.

Si cerramos *100 genios del balón* aseverando que nadie llega a crack sin esfuerzo, que esos futbolistas tuvieron la suerte que merecieron, concluimos estos *100 dioses del Olimpo* incluso más convencidos: ningún oráculo, ni siquiera el de Delfos, hubiese bastado para colocar en la cima a estas 100 deidades atléticas. Al Olimpo sólo se sube con extenuación y resolución, se necesita realizar muchísimo más que los demás (más kilómetros y a más velocidad, más repeticiones en el gimnasio, más brazadas, más sacrificio, más disciplina, más dolor, más ampollas, más todo) para consumar esa escalada.

Los invito a que viajemos juntos a la infancia de estos 100 grandes, al contexto cultural y las carambolas históricas que los forjaron, a sus privaciones y motivaciones. A asumir que no eran sobrenaturales, que no nacieron superhéroes, que su súper poder esencial fue la entrega. Los invito a que nos inspiremos y reflejemos en ellos, a que soñemos con ellos.

La segunda parada de esta colección nos instala en la cumbre del más emblemático monte griego. Desde esas alturas, al lado de estos 100 dioses, afirmamos: ¿El oráculo decidiendo sus alcances? Para oráculo ese tesón capaz de vencer todo límite y destino, de aplastar toda excusa y victimismo. Si los dioses de antaño triunfaban por consigna, los actuales triunfaron porque quisieron. Precisamente, el mensaje que más disfruto compartir con mis hijos. Precisamente, el mensaje que espero que llegue a tantos niños que en el último año me privilegiaron al dormir abrazados a *100 genios del balón*. ★

Alberto Lati, diciembre 2019.

HUBERT VAN INNIS

EL APOLO FLAMENCO

 Nació el 24 de febrero de 1866 · Murió el 25 de noviembre de 1961

Llovía tanto en la localidad de Elewijt, 20 kilómetros al norte de Bruselas, que cada invierno la granja de los Van Innis se transformaba en un pantano.

Época favorita del año para su noveno hijo, llamado Hubert, porque tomaba como pretexto los aguaceros para desentenderse de las numerosas ocupaciones que recibía de su padre en el campo.

Entonces podía pasarse incontables horas practicando el tiro con arco, hasta que la primavera se acercaba y, a regañadientes, era mandado a repartir leche por los pueblos en la periferia de la capital belga. Eso cambió cuando fue capaz de educar al perro que lo acompañaba, para que por sí solo arrastrara el carrito de lácteos de vuelta a casa: con astucia propia del mejor arquero se había ganado tiempo para continuar con su pasión y, con 14 años, ya vencía a los mayores en su primer gran torneo.

Tremenda sorpresa se llevó su padre cuando, cierta noche, vio regresar el carrito sin quien estaba encargado de conducirlo. Debió imaginarlo, Hubert se escapaba para afinar su puntería.

Anunciados los Olímpicos de París 1900 logró ahorrar para efectuar el viaje. Ahí comenzó la saga del arquero más laureado de la historia moderna, aunque la lejanía de los siguientes Juegos lo privó de asistir. Transcurrieron los años, se convirtió en el estrafalario dueño de una taberna que se enorgullecía de trapear los pisos con champaña y tuvo como admirador al rey Leopoldo, quien se arrepintió de pedirle una demostración de su talento luego de que el ya veterano Hubert lo sentara a observar hasta 42 tiros.

Concluida la Primera Guerra Mundial, la noticia tardó en llegar a la granja de Van Innis: que en 1920 los Olímpicos reanudarían en Amberes, a no más de 30 kilómetros de su hogar.

Para cuando los Juegos se celebraron ya tenía 54 años y pesaba casi 100 kilogramos, pero su desempeño fue todavía mejor que dos décadas antes. Ese pintoresco personaje flamenco perdería la movilidad en el brazo derecho y sería campeón mundial a los 67 años disparando con el izquierdo. Dominio y maestría dignos del arco de oro que se atribuye a Apolo, el dios griego de la arquería.

¿Qué hizo con sus nueve medallas olímpicas? Lo mismo que con sus restantes 350 trofeos: regalarlos por doquier, recordando que en sus inicios, cuando secretamente enviaba al perro de vuelta con el carro de la leche, su padre no podía enterarse de lo que realizaba jornada a jornada. Apolo flamenco de arco oculto necesitaba esconder las victorias.

2 oros y 1 plata en París 1900, 4 oros y 2 platas en Amberes 1920
· Su último título mundial fue a los 67 años

HÉLÈNE DE POURTALÈS

ARISTÓCRATA PIONERA

 Nació el 28 de abril de 1868 · Murió el 2 de noviembre de 1945

Con enormes posesiones por el territorio estadounidense y recursos ilimitados a su disposición, la heredera de ese imperio tabacalero no tenía todo lo que deseaba. Helen Barbey observaba a los hombres moverse con agilidad en veleros, montar los poderosos caballos de la familia, practicar cada deporte que se estrenaba en Nueva York como golf o tenis, soñando con que se le permitiera intentarlo.

Su padre aceptó a regañadientes, con un par de condiciones: que la inquieta joven nunca dejara de portar sus largos vestidos y elaborados sombreros; que admitiera la mejor opción de matrimonio que surgiera desde la aristocracia europea.

Cuando a los 23 años se casó con el conde suizo Hermann Alexander de Pourtalès y se convirtió en la condesa Hélène de Pourtalès, lo que más temía era renunciar a la actividad física. Sin embargo, su esposo, al que suponía sumamente tradicional, ese personaje que fuera capitán del ejército prusiano que unificara a Alemania en 1871, la sorprendió al abrirle la puerta al deporte que eligiera. Notando su gran destreza para navegar, ignoró los cotilleos de la escandalizada alta sociedad y la incorporó a un equipo de vela que ganaría importantes regatas.

Iniciados los Juegos de París 1900, la condesa fue inscrita en la embarcación suiza *Lérina* en una competencia plagada de hombres. Su medalla de oro sería la primera de una mujer en Olímpicos, ante la desazón de Pierre de Coubertin, quien siempre pretendió un evento apegado al de la antigüedad en su restricción de género.

Los viejos Juegos de Olimpia habían sido tan contrarios a la participación femenina, que una de las razones para que los atletas compitieran desnudos era cerciorarse de que fueran varones (al detectar que una entrenadora llamada Kallipateira se disfrazó de hombre para asesorar a su hijo que luchaba, obligaron a que los entrenadores también acudieran sin ropa).

En Atenas 1896, Coubertin fue inflexible cuando una griega, Stamata Revithi, solicitó ser registrada en el maratón. Impedida a empujones a hacerlo, un día después correría en soledad esos 40 kilómetros.

Cuatro años más tarde de esa discriminación, el río Sena sería surcado por el *Lérina*, con la condesa a bordo. Se esperaba que la primera dama se coronara en el certamen femenino de tenis, pero qué mejor comienzo de las mujeres en Olímpicos que ése: gloria en plena justa varonil. Y como remate, esa historia: la aristócrata que podía comprarlo todo menos un podio olímpico. Ése lo conquistó con talento y esfuerzo, sin olvidarse de portar el largo vestido como prometió a su padre.

1 oro y 1 plata en París 1900. Primera mujer medallista en Olímpicos • También destacó en equitación y tenis

SPIRIDON LOUIS

UN MARATÓN POR AMOR

 Nació el 12 de enero de 1873 · Murió el 26 de marzo de 1940

De cuadra en cuadra, sobre colonias refinadas o terracería, cargando pesados cuencos de agua, a Spyros nunca le preocuparon las carencias, el trabajo más exhaustivo ni, mucho menos, ser desconocido fuera del pueblo de Marusi, 11 kilómetros al norte de Atenas.

Su único problema era de corazón: a Eleni Kontou, la mujer de la que estaba enamorado, le habían prohibido ver a ese empobrecido vendedor de agua que apenas distinguía algunas letras. Aspasía, la madrastra, estaba obstinada en que la joven se casara con un hombre rico, pese a que ella adoraba al más humilde.

Mal destino, pensaba el bronceado Spyros, mientras acumulaba innumerables kilómetros y cerraba el día cosechando olivos con su padre. Muy mal destino, pese a que su madre llevaba ese nombre que los antiguos griegos consideraban remedio para los peores augurios: Kalomira, traducible como buen destino. Buen destino que, sin parecerlo, estaba en marcha.

Cuando Spyros inició su servicio militar a los 20 años, el coronel Papadiamantópoulos quedó impresionado. Sin importar la distancia o intensidad del sol, el soldado bigotón cumplía cada misión a velocidad y sin queja: correr por uniformes, acudir a la plaza de Síntagma por cigarros, repartir documentos.

Al coronel le hablaron de una carrera larguísima que se estrenaría en los Olímpicos de 1896 y con la que se honraría la leyenda del soldado-mensajero Filípides, quien supuestamente hizo ese trayecto en el año 490 a. C. para informar de la victoria sobre los persas: desde la aldea de Marathonas hasta el corazón de Atenas.

Papadiamantópoulos propuso a Spyros que se inscribiera, pese a que a éste no le interesaba el deporte. Eleni, sin embargo, sabía de su capacidad física y lo convenció: quizá su madrastra lo aceptara si ganaba esa competencia.

La noche previa, la pareja acudió de la mano a la iglesia Panagia, rezando por los pies de Spyros. Un día después, el único participante que no contaba con formación deportiva o entrenador era ese chico del agua que, increíblemente, corría vistiendo la tradicional falda llamada *fustanella*. Más increíble todavía, cómo derrotó a esos rivales que cayeron desplomados en el primer maratón oficial.

Al entrar líder al viejo estadio Panathinaikón, Grecia enloqueció y lo convirtió en héroe nacional. Emocionado hasta las lágrimas, el rey Giorgos le ofreció lo que quisiera. Spyros sólo pidió una carreta para desplazar los pesados cuencos de agua. Mejor premio no podía tener: la madrastra Aspasía había admitido que se casara con su amada.

Si la Guerra de Troya se desencadenó por una Eleni, el mayor orgullo griego en los Olímpicos modernos, también.

Ganador del maratón en los primeros Olímpicos de la modernidad ✦ Fiel a repartir agua, nunca volvió a competir ✦ Da nombre al Estadio Olímpico de Atenas 2004, ubicado en Marusi

RAYMOND EWRY

LA RANA HUMANA

 Nació el 14 de octubre de 1873 · Murió el 29 de septiembre de 1937

A cada intento de encontrar una respuesta nerviosa en las piernas, el médico negaba con la cabeza decepcionado: nada por ningún lugar. La pequeña rodilla del niño apenas era reconocible bajo esa maraña de largas agujas, clavadas en búsqueda de algún dolor o reflejo. Parecían definitivos los efectos de la poliomielitis que Ray había contraído a los ocho años: no volvería a caminar.

Quizá si hubiese recibido atención hospitalaria antes, quizá si la enfermedad no se hubiera topado con un muchachito en tan vulnerable situación. Tenía cinco años cuando su mamá murió y su papá huyó de casa, a lo que se añadía esa polio que, insistían, le impediría desplazarse sin silla de ruedas.

Una terapeuta le sugirió probar haciendo ejercicios. Ray, hechizado al observar cómo los demás chicos corrían y jugaban, la obedeció. Desde que despertaba repetía esas rutinas, sin preguntarse si aquella misión tenía sentido. Quien visitara el canal Wabash and Erie, que conectaba los Grandes Lagos del norte de Estados Unidos con el golfo de México, podía contemplarlo exigiendo movimiento a sus extremidades. Esfuerzo que tardaría en otorgar recompensa.

Todavía en 1889 acudía a la preparatoria en Lafayette, Indiana, apoyado en unas incómodas muletas, pero sus muslos ya lucían tan fuertes que generaban una impresión. Fue a los 17 años cuando, al ingresar en la Universidad Purdue, comenzó a dar pasos sin ayuda. Conquistada esa meta que ningún doctor creyó posible, Ray no se conformaría. Logró que lo aceptaran en el equipo colegial de futbol americano y lo nombraran capitán del de atletismo.

Ya que el desafío físico más común en su niñez era obligarse a brincar, los entrenadores descubrieron en él al mejor saltador. Tiempos en los que los Olímpicos incluían tres saltos sin tomar vuelo, Ray Ewry regresó de París 1900 como el atleta favorito de los franceses que lo apodaron *La Rana Humana*. Hazaña que replicaría a cada aparición olímpica, siendo el primer gran dominador de los Juegos en la era moderna: ocho oros entre 1900 y 1908.

Retirado como dueño de los récords en sus tres competencias (salto triple, salto de altura, salto de longitud, todos sin impulso), colaboró en el diseño de los buques que la marina estadounidense enviaría a la Primera Guerra Mundial. Tras eso trabajó como ingeniero en jefe de los acueductos de Nueva York.

Acaso para quien no iba a caminar y terminó por casi levitar, lo de menos fue dotar de fluidez a las aguas de Manhattan. Impensable en ese huérfano cuya rodilla dejara de reconocerse bajo las agujas que buscaban alguna sensación.

8 oros entre París 1900 y Londres 1908 · Ganó todas sus competencias olímpicas · Sus récords persisten en tres pruebas ya no disputadas

DORANDO PIETRI

EL HÉROE CAÍDO

 Nació el 16 de octubre de 1885 · Murió el 7 de febrero de 1942

La llanura del norte de Italia vivió un año muy seco en 1891. Desiderio Pietri ni siquiera podía pagar la renta de las tierras que cultivaba, ya no decir alimentar a sus cuatro hijos.

Los Pietri se mudaron del pueblo de Mandrio a Carpi, donde empezaron por vender vegetales y, sin otra salida, los niños se fueron empleando. El tercero de ellos, el más bajito, Dorando, de 14 años, se contrató en una panadería.

Nostálgico de Mandrio, Dorando se aficionó a la bicicleta al utilizarla para visitar su tierra natal. De eso pasó a distancias más largas, incluso a ganar varias carreras, hasta que un accidente lo inclinó a dejar el ciclismo.

Todavía convaleciente, parado entre harinas y hornos, vio pasar al atleta Pericle Pagliani en una competencia de 10 kilómetros. Siempre pasional, corrió tras él. Para sorpresa de quienes lo miraban acelerar con delantal, estuvo cerca de derrotar al campeón italiano.

Luego de que varios entrenadores lo rechazaran por medir menos de 1.60, su hermano Ulpiano se convirtió en su preparador. Juntos viajaron a Atenas para los Olímpicos de 1906 que después carecerían de oficialidad. En ese maratón escapaba con cinco minutos de ventaja, hasta que abandonó por dolores estomacales, quizá consecuencia de su consumo de vino durante la carrera.

Entonces se centró en los Juegos de 1908 que iban a ser muy cerca de casa, en Roma, hasta que la erupción del volcán Vesubio obligó al cambio de sede a Londres.

Todo ese juego de casualidades llevó a Dorando al pie del Castillo de Windsor en julio de 1908, aunque faltaba más. El maratón iniciaría frente al Eton College, 40 kilómetros hasta el final, mas la familia real deseaba contemplar la partida de los corredores. Por ello, los retrasaron hasta el jardín del palacio, añadiendo a la ruta 2 195 metros.

Tres horas después, Pietri fue ovacionado al ingresar líder al estadio. Ese panadero chaparrito parecía destinado a la victoria. A unos pasos del oro olímpico, estaba tan exhausto y desorientado que corrió en sentido inverso. Cuando los jueces lo convencieron de su equivocación, cayó y fue reincorporado. En el caos, volvió a desplomarse otras cuatro veces, siendo ayudado hasta por el escritor Arthur Conan Doyle, testigo a pie de pista.

Aturdido, rompió ese listón de la meta que le llegaba casi al cuello. Sin embargo, era evidente que había ganado con ayuda, y perdió su medalla.

Como consuelo le quedó el trofeo que le regaló la reina británica, impactada por su esfuerzo. Desde entonces el maratón se compone de 42 195 metros.

Medía 1.59 metros · Llegó primero en maratón de Londres 1908, pero no tuvo medalla · Primer atleta célebre, tras Londres 1908 hizo giras por el mundo

JAMES FRANCIS THORPE

CAMINO BRILLANTE

 Nació el 28 de mayo de 1887 · Murió el 28 de marzo de 1953

"¿Cometí un error?", preguntó Jim levantándose del foso de arena. "Hijo, acabas de romper el récord de la escuela", respondió incrédulo Pop Warner, quien más tarde sería uno de los entrenadores pioneros de futbol americano.

Minutos antes, Jim paseaba por el Instituto Carlisle, exclusivo para nativoamericanos, cuando vio a unos chicos en fila para saltar. Pese a que vestía un overol tan rígido como pesado, se coló entre ellos y logró la inédita marca.

En los siguientes días lo probaron en carreras cortas y largas, en boxeo y nado, en canotaje y beisbol, siendo con diferencia el mejor en todo, pero, para impresiones, faltaba el futbol americano. Ese joven de gesto indescifrable y velocidad inalcanzable acertaría lejanos goles de campo, anotaría corriendo 90 yardas y defendería como nadie.

Jim provenía de una reserva indígena, en la tribu Sac y Fox, en Oklahoma. De acuerdo con su cultura, basaron su nombre en algo sucedido en su nacimiento: Wa-Tho-Huk ("Camino brillante") por el rayo que iluminó su casa cuando lloraba por primera vez.

Entre sus ancestros figuraba el jefe Halcón Negro, célebre por su resistencia física cada que los colonos blancos pretendieron subyugarlo. Cualidades que heredó su padre, con quien Jim ya salía a los seis años a intensas misiones en el bosque. Cazar y cargar a la presa, perseguir ciervos y someter caballos, recorrer en una misma jornada 50 kilómetros hasta acumular suficiente comida... aunque con un vacío. Como muchos niños en una aldea de elevada mortalidad infantil, su hermano gemelo falleció a los ocho años.

Entre los nativoamericanos ya era conocida su fortaleza y agilidad, mas el salto en Carlisle expandió su fama a todo el país. Calificó a Estocolmo 1912, inspirado por una frase de su papá: "Demuestra a los demás de lo que un indio es capaz", y vaya que lo hizo. Oro en pentatlón y decatlón con registros jamás igualados, aun compitiendo con zapatos de otra talla por el robo de los suyos. Al premiarlo, el rey Gustavo V de Suecia sintetizó: "Usted es el mejor atleta del mundo".

Al regresar, una intriga racista propició que le anularan las medallas, acusado de cobrar jugando beisbol, lo que contradecía el amateurismo olímpico. No sólo se despidió de las preseas, sino también de las pistas. Entonces brilló como profesional en futbol americano, beisbol y basquetbol.

Olvidado al envejecer, apareció como extra en películas de indios y vaqueros. Tres décadas después de su triste muerte, fueron devueltas a sus hijos las medallas vergonzosamente quitadas al "camino brillante" del olimpismo.

Oro en pentatlón y decatlón en Estocolmo 1912
· Campeón de la Liga Nacional de beisbol e inducido al Salón de la Fama de la NFL
· Elegido mejor atleta de la primera mitad del Siglo XX

DUKE PAOA KAHANAMOKU

EL PATRIARCA DEL SURF

 Nació el 24 de agosto de 1890 · Murió el 22 de enero de 1968

La voz tranquila de su padre contrastaba con los jalones de esas olas llenas de tiburones y con la rudeza de lo que le diría: "Es sobrevivir o hundirte, hijo, tú nadarás para sobrevivir". Entonces, Duke fue soltado en el océano Pacífico y, luego de tragar más agua de la recomendable, con ardor en la nariz, nadó. Tenía cuatro años.

Desde esa especie de bautismo, descubriría en las olas a su aliado y en los tiburones a su dios protector. Según relataría su mamá, cada familia hawaiana cuenta con un *aumakua* o guardián animal, siendo el de los Kahanamoku el tiburón.

La infancia de Duke coincidió con los últimos años del reino de Hawái. En 1900 Estados Unidos se anexó el archipiélago e impuso una educación para alejar a los niños de su cultura y mitología. Pese a ello, Duke se criaría orgulloso de sus raíces, firme en conceptos como *mana* (potencia de espíritu) o *aina* (apego a la naturaleza).

Por la bahía Hanauma se le veía cruzando a bordo de pesadísimas tablas, inspiradas en las de sus ancestros. Lo mismo surfeaba sobre cajas o restos encontrados cerca de la playa Waikiki. Ésa era su verdadera pasión y, de ninguna forma, la natación. Sólo nadaba como mecanismo para volver a tierra o distanciarse de algún arrecife, pero qué manera de hacerlo: en perfecta armonía con la corriente, generando una ola al moverse, apro-vechando que sus pies y manos crecerían tanto como para ratificar su vínculo con el tiburón.

Todavía adolescente, rompió dos récords mundiales de natación que en Estados Unidos no quisieron creer: imposible que alguien nadara a esa velocidad, seguro midieron mal. Para eliminar dudas, Duke viajó hasta Nueva York y demostró que inclusive podía ser más rápido.

Así acudió a Estocolmo 1912 y empezó su colección de medallas olímpicas, mejorando para la posteridad la postura para practicar el estilo de crol. La Primera Guerra Mundial le impidió incrementar su cosecha de preseas; en cambio recaudó fondos para la Cruz Roja en exhibiciones de natación.

Tras el conflicto le quedaban muchos años de triunfos (fue el primero con dos oros en 100 metros libres), aunque ninguno tan trascedental como el acontecido en 1925, cuando una barca volcó. Dueño del océano, guiado por su *aumakua*, Duke Kahanamoku apuró en su tabla hasta rescatar de la muerte a ocho personas.

Multimedallista olímpico, padre del surf moderno, figura de Hollywood y, por si faltara, máximo embajador del *aloha*, noción hawaiana de hospitalidad y generosidad, como alcalde honorario de Honolulu.

El debut del surf en Tokio 2020 es también un homenaje a Duke.

3 oros y 2 platas entre Estocolmo 1912 y París 1924 ◆ Bajó más de 5 segundos el récord olímpico de 100 metros libres ◆ Acudió a Los Ángeles 1932 en polo acuático

VILLE RITOLA

EL LOBO DE LAS ALTURAS

 Nació el 18 de enero de 1896 · Murió el 24 de abril de 1892

El cielo en el pueblo finlandés de Peräseinäjoki (en el invierno, noches de casi 20 horas) lucía tan oscuro como el panorama.

Hambruna, represión de las fuerzas del zar ruso que buscaban enterrar el idioma finés, cinco de sus hermanos fallecidos en plena niñez y una desesperanza que obligaba a decenas de miles a emigrar.

La granja de su padre no tenía forma de alimentar a tan numerosa familia. Por ello, a los 17 años, Ville se mudó a Nueva York dispuesto a asumir el empleo que fuera con tal de comer.

Pronto adquirió fama en ese Manhattan que crecía insaciable hacia las nubes. Ese intrépido finlandés no temía a martillar en lo más alto de los rascacielos. Carpintero o albañil, todo lo realizaba con esmero, soñando con volver cuanto antes a esa Finlandia de la que llegaban noticias a ratos promisorias, a ratos preocupantes: la independencia en 1917, la Guerra Civil un año después.

En una construcción conoció a Hannes Kolehmainen, multimedallista en esos Olímpicos de 1912 en los que se prohibió a los finlandeses ondear su bandera al ser un territorio semiautónomo perteneciente a Rusia.

Viendo a diario la resistencia y audacia de su compatriota en el andamio, Hannes lo animó a participar en una carrera en 1919. Para ese muchacho que no tuvo tiempo de pensar en distracciones o actividades más allá de luchar por el pan, hacer ejercicio era una novedad. Concluyó lejos de los primeros sitios, pero con 23 años empezó a entrenar.

Para 1923 ya había ganado tantas competencias en Estados Unidos que los directivos locales le ofrecieron agilizar su naturalización a cambio de que los representara en París 1924. Al saber de ese plan, la comunidad finlandesa en Nueva York recaudó dinero para que viajara al clasificatorio en Helsinki y así evitar perderlo. Ritola agradecería ese apoyo llevando el nombre de su joven país a lo máximo.

Así comenzó su manojo de medallas en pruebas de fondo, dando pie a una tremenda rivalidad con Paavo Nurmi, sólo que Ville habiéndose estrenado en el deporte a una edad en la que su némesis ya era una deidad de la pista.

La gloria olímpica no modificó la vida de ese humilde carpintero, apodado *Lobo de Peräseinäjoki* por sus gestas en solitario. En su casa podían amontonarse los trofeos atléticos, mas en el trabajo continuó trepado en lo más alto incluso tras cumplir 60 años.

Quizá por eso, otra manera de celebrar su trayectoria es contemplando los colosales edificios alrededor de Times Square e imaginándolo infatigable en la cima, tal como cuando fue capaz de arrebatar oros al mismísimo Nurmi, sacándole varios segundos.

4 oros y 2 platas en París 1924 · **1 oro y 1 plata en Ámsterdam 1928**
Impuso récord mundial en todas sus pruebas

PAAVO NURMI

ZEUS LLEGÓ DE FINLANDIA

 Nació el 13 de junio de 1897 · Murió el 2 de octubre de 1973

Después de recorrer cinco kilómetros hasta la costa del golfo de Botnia, los niños se tiraban en la playa a jugar. Todos menos el inexpresivo Paavo, quien se metía en las heladas aguas para nadar hasta la isla de Ruissalo.

Lo hacía con más gesto de resignación que de diversión, sin queja ni gozo, imbuido por la palabra que mejor define a esa Finlandia que, por entonces, no era un país independiente. *Sisu*: determinación, coraje, subsistencia.

En un territorio colmado de adversidades –fríos inviernos con apenas horas de luz; hablar un idioma sin relación con el del resto de Europa; vivir como canica disputada por sus vecinos, entre dominio sueco y ruso– sólo se salía adelante con *sisu*. Más para ese niño que debió dejar de serlo a los 12 años.

La muerte de su padre, un esforzado carpintero, lo orilló a despedirse de esa escuela en la que destacaba en matemáticas. El sueldo de su madre limpiando casas no alcanzaba para mucho y los Nurmi rentaron la mitad de su hogar. Desde entonces dormirían cinco en un cuarto, alimentándose de pescado seco.

El pequeño Paavo fue empleado por una panadería como repartidor. Sin importar que el clima fuera extremo, se le veía empujando pesados carros con su característico *sisu*.

Tres años más tarde quedó tan impactado con las medallas del finlandés Hannes Kolehmainen en los Olímpicos de 1912, que ahorró para comprar su primer calzado deportivo. Quería ser atleta, ya corría con regularidad, disfrutaba de hacer cálculos matemáticos sobre sus tiempos, hasta que lo llamaron al ejército.

Ahí, cada día los soldados marchaban con el rifle al hombro, desafío insuficiente para Paavo. Él prefería realizar el camino a toda velocidad, con su mochila llena de arena. Al notar su poderío, el coronel lo transfirió al equipo militar que participaba en competencias.

Los rivales se reían de su complexión robusta, de sus anchas caderas, decían que parecía luchador, pero una vez que arrancaban, se arrepentían de sus burlas. Paavo tomaba un paso uniforme y, revisando su cronómetro constantemente, beneficiado por ese don para la aritmética, se cercioraba de nunca aflojar, rompía un récord casi a cada aparición.

Solitario e introvertido, nadie lo entrenaba. Él se imponía hasta tres sesiones de ejercicio al día, abriendo con rutinas de calentamiento que no se estilaban y cerrando en el tradicional sauna finlandés para recuperarse.

Cuando alguien consiguió que el primer dios olímpico revelara su secreto, Paavo respondió que todo estaba en la mente. Si hubiese sido de más palabras quizá habría explicado el término *sisu*.

9 oros y 3 platas entre Amberes 1920 y Ámsterdam 1928
Rompió 22 récords mundiales · Encendió el pebetero de Helsinki 1952

HAROLD ABRAHAMS

CARROS DE FUEGO

 Nació el 15 de diciembre de 1899 · Murió el 14 de enero de 1978

Como si sus hermanos fueran de su edad, Harold se exigía derrotarlos corriendo, enrabietándose por jamás lograrlo. Meta imposible considerando que, cuando cumplió seis años y al fin lo invitaron a entrenar, Adolphe ya tenía 22 y Sidney 20.

Además de esa diferencia, el mayor contaba con tal interés en el atletismo que sería el fundador de la medicina deportiva británica, en tanto que Sidney competiría en Estocolmo 1912.

Su padre, Isaac Klonimus, había huido de la Rusia zarista harto de los ataques por ser judío. Al notar la difícil pronunciación de su apellido en inglés, lo sustituyó por el nombre de pila de su papá, Abraham: como Abrahams quedaría una de las familias más relevantes en la historia del deporte de la Gran Bretaña.

En 1910, Harold acudió a un festival atlético en el estadio Stamford Bridge. Tras años de frustraciones ante sus gigantescos hermanos, por primera vez se medía ante chicos de su edad y respondió con amplias victorias. El sueño surgido en 1908, al presenciar una jornada en los Olímpicos realizados en Londres, crecería al retirarse Sidney sin medalla: el título pendiente lo buscaría el menor de esa casa, el pequeñito que siempre perdía.

Lo llamaron a filas cuando la Primera Guerra Mundial estaba por concluir, así que no alcanzó a entrar en batalla. Eso sí, como soldado adquirió la imponente disciplina con la que llegaría a la Universidad de Cambridge.

Ahí, Harold fue recibido con odio religioso, prejuicios y humillaciones. De nuevo, la discriminación que obligó a emigrar a Isaac Klonimus, sólo que en pleno corazón académico de Inglaterra.

Viajó a Amberes 1920 para participar en cuatro eventos y, quizá por eso, no destacó en ninguno. Desde ese momento decidió que en París 1924 se concentraría en los 100 metros.

Estudioso y autocrítico, detectó errores en su salida y corrigió su zancada. Al mismo tiempo, otro británico, Eric Liddell, hijo de misioneros cristianos, también se preparaba para esa carrera. Cuando supo que los 100 metros de París 1924 se efectuarían en domingo, Liddell desistió por ser día de rezo y, pese a la terrible presión a la que se vio expuesto, se enfocó en los 400 metros.

En los Olímpicos, tanto Abrahams como Liddell se coronarían en pruebas de abrumador dominio estadounidense. De sus gestas y capacidad para sobreponerse a la intolerancia trata la película *Carros de fuego*.

Liddell moriría en la Segunda Guerra Mundial en un campo de prisioneros de China, hasta donde había llevado su fe. Periodo en el que Abrahams salvó a dos niños judíos alemanes al adoptarlos.

Oro en 100 metros y plata en 4×100 en París 1924
♦ **Récord de 8 oros en un interuniversitario Cambridge-Oxford**
♦ **En Abrahams y Eric Liddell se basa la película *Carros de fuego***

JOHNNY WEISSMÜLLER

TARZÁN EN EL OLIMPO

 Nació el 2 de junio de 1904 · Murió el 20 de enero de 1984

Doce días tardó el barco *SS Rotterdam* en atravesar el Atlántico hasta Nueva York. A bordo, el excapitán del ejército austrohúngaro, Petrus Weissmüller, se asomaba tenso al mar: apenas tenía 10 dólares y no iba solo. Con él viajaban su esposa, Elizabeth, y un bebé de siete meses que parecía mayor; ya al nacer, había pesado cinco kilos, como si todos sus nombres se reflejaran en la báscula: fue registrado János (en húngaro), pero le decía Johan (en alemán) y pronto le llamarían John (en inglés), para referirse a él como Johnny.

Familia germana proveniente de la actual frontera entre Rumania y Serbia, los Weissmüller llegaron a Pensilvania. Petrus inició su vida americana como minero, lejos del lujo que imaginaba. Frustración que desquitaría con Elizabeth, con una agresividad que no disminuyó al mudarse a Chicago.

Johnny se tapaba los oídos al escuchar un nuevo ataque y huía por la ventana. Ya en las calles provocaba desmanes y robaba.

Recuperado de poliomielitis a los nueve años, el médico le sugirió practicar natación. Sin nunca haberlo hecho, entró al agua y el romance fue inmediato, como si lo hubieran creado para eso. Además, aquello lo alejó de malos pasos en el momento oportuno: cuando su papá, hundido en alcohol y apuestas, los abandonó.

Elizabeth limpiaba pisos y cocinaba, al tiempo que Johnny cambiaba de empleo urgido por aportar dinero. Todavía niño, desarrolló su voz gritando para ofrecer los productos de un vendedor de vegetales, quien le pagaba con comida. Ya muy fornido, a los 15 años, fue salvavidas en el lago Míchigan, logrando después contratarse en el Illinois Athletic Club como ascensorista y botones. El puesto de sus sueños porque ahí conoció al entrenador nacional de natación, Bill Bachrach, quien accedió a probarlo en la piscina.

Su primera reacción al verlo nadar fue de rechazo: su técnica era terrible, avanzando con el rostro de fuera, y es que había aprendido en aguas sucias. La segunda fue girar los ojos al cronómetro y no dar crédito: en plena prueba rompía récord.

Con su poderío y los consejos de Bachrach, se elevó a mejor nadador del mundo, aunque para acudir a los Olímpicos de 1924 necesitaba ser estadounidense. Entonces aseguró que había nacido en Pensilvania, utilizando el acta de su hermano menor; secreto que se llevaría a la tumba y sólo develaría su hijo en una biografía póstuma.

Se retiró sin haber perdido una carrera oficial y comenzó otra vida, ahora inmortal en Hollywood como Tarzán. Ese grito con el que Johnny Weissmüller anunciaba vegetales sería símbolo de la cinematografía.

5 oros entre París 1924 y Ámsterdam 1928 en nado · 1 bronce en polo acuático en París 1924 · Impuso 51 récords mundiales

ALADÁR GEREVICH

ETERNA ESPADA DE ORO

 Nació el 16 de marzo de 1910 · Murió el 14 de mayo de 1991

Como obra de teatro reinterpretada a diario, a cada despertar Aladár suplicaba a su padre que ya le permitiera sostener la espada, que no lo pospusiera más.

En ese salón propiedad de su familia, en la ciudad húngara de Miskolc, multitud de jóvenes eran instruidos, pero Aladár estaba obligado a un entrenamiento diferente. Un paso adelante, otro atrás, un paso adelante, otro atrás. Salto, movimiento al costado y regreso. Más rápido. Ahora con un peso. Más repeticiones. Más peso. Otra vez.

Aladár terminaba ansioso y agotado. Se suponía que lo iniciaban en las artes de la esgrima, mas no le autorizaban el mínimo contacto con sable o florete.

Su padre le concedió la espada por primera ocasión cuando cumplió 15 años. Velocidad, resistencia, elegancia, todo lo había desarrollado el niño sin enterarse.

Poco después se coronó en su competencia debut en Budapest. El maestro italiano, Italo Santelli, medallista en París 1900 y personaje que en ese instante innovaba esa práctica, ofreció capacitar gratis a un Aladár que no podía pagar tan reputados servicios.

Al presentarse, el adolescente al que llamaban Ali entró abruptamente y chocó su hombro contra el marco de la puerta. Aún no lo saludaba y Santelli ya lo reprendía con escándalo. Si no dominaba su cuerpo, sería imposible en la esgrima. Esa consciencia de sus deslizamientos –cadencia, ritmo, precisión– se reflejaría en los combates. "Por favor, sé tú mismo, sé un pájaro líder", le insistía el sabio con orgullo. Nedo Nadi, multimedallista italiano en Amberes 1920, confirmaría que una época estaba por abrirse: "Nunca había visto un espadachín tan físico. Una ardilla no es más ágil".

La cita con el oro olimpico de Aladár comenzó en Los Ángeles 1932 y se prolongó por tres décadas. Sí, obtendría al menos un primer lugar en cada una de las seis ediciones a las que acudiría y eso que los Juegos se cancelaron dos veces por la guerra.

Eran los cimientos colocados por su padre en el salón familiar de Miskolc. Era la revolución de Santelli. Era, sobre todo, su afán de entrenar como nadie y lo que nadie: una sesión antes de empezar su jornada de trabajo en el Banco de Hungría, otra más intensa después.

Cuando el ya legendario Aladár se registró en el clasificatorio para Roma 1960, le respondieron que cómo pretendía disputar unos Olímpicos con 50 años. Sin ofenderse, clamó que sólo iría si derrotaba a todos los jóvenes húngaros. Salto, movimiento al costado y regreso: los derrotó.

También fueron medallistas en esgrima su suegro, su esposa y su hijo.

> **7 oros, 1 plata y 2 bronces entre Los Ángeles 1932 y Roma 1960**
> **Único deportista con oro en 6 ediciones de Juegos Olímpicos**
> **14 títulos mundiales entre 1931 y 1959**

MILDRED BABE DIDRIKSON

LA DEPORTISTA TOTAL

 Nació el 26 de junio de 1911 · Murió el 27 de septiembre de 1956

Al ver que esa chica podía jugar en un mismo día beisbol y basquetbol, nadar en el río Neches y correr descalza por la ciudad texana de Beaumont, acelerar en bicicleta o patines, un señor le preguntó: "¿Hay algo que no juegues?", a lo que siguió una respuesta precisa como sus movimientos, veloz como sus piernas, fuerte como su cuerpo: "Sí, a las muñecas".

Nadie la llamaba Mildred. Su madre solía decirle *Babe* de cariño, apodo retomado cuando bateó cinco cuadrangulares en un partido contra hombres y todos admitieron, Babe, como Babe Ruth.

Su papá, un marinero de nombre Ole, había aprovechado sus viajes para buscar dónde instalarse con su familia. Al descubrir Port Arthur, efervescente con su refinería, desplazó a su esposa y sus hijos mayores desde Noruega. En esa boca del golfo de México nació Babe, sólo que cuando tenía tres años un huracán arrasó con la casa construida por Ole.

Los Didrikson cambiaron Port Arthur por la vecina Beaumont y su apellido pasó a Didriksen por un error al ser registrado.

No importaba si enfrentaba a mujeres o varones, con pelota o sin pelota, Babe ganaba en todo. Su meta era ser la mejor deportista de la historia, sin permitir que se limitaran sus alcances.

La crisis económica devolvió a Ole al mar y sus hijos debieron generar dinero en lo que retornaba.

Babe cortaba pasto, hacía mensajería y empacaba fruta con el mismo espíritu competitivo. Así se explica que, antes de sus glorias deportivas, fuera campeona en un torneo de coser ropa.

Por si faltara dónde fortalecer sus músculos, su padre construyó un pequeño gimnasio de madera en su jardín. Muchos niños la molestaban por su vocación atlética. A todos, sin excepción, los obligó a arrepentirse de inmediato con un carácter férreo, sin amilanarse nunca.

De adolescente sobresalía tanto en baloncesto que fue contratada como secretaria de una fábrica bajo la cláusula de que reforzaría a su equipo. Por supuesto, fue campeona y líder anotadora.

Llegado Los Ángeles 1932 impuso un hito difícil de superar, resumen de su polivalencia: medallas corriendo, saltando y lanzando.

Tras los Olímpicos se convertiría en una de las mejores golfistas de todos los tiempos, picharía innings sin recibir carrera contra hombres en juegos de exhibición de Grandes Ligas (se le atribuye la marca de la bola más rápida jamás lanzada por una mujer), brillaría incluso en billar y boliche.

Si el marinero Ole no paró su búsqueda por el mar hasta dar con el sitio donde pretendía vivir, Mildred no se conformó hasta ser la mejor deportista. Irrepetible. Ninguna más completa.

Oro en 80 metros con vallas y jabalina en Los Ángeles 1932 · Plata en salto de altura en Los Ángeles 1932 · Ganadora de 41 torneos de golf, incluidos 10 Majors

HUMBERTO MARILES

EL CORONEL Y SU AMOR TUERTO

 Nació el 13 de junio de 1913 · Murió el 7 de diciembre de 1972

Nacido en plena Revolución mexicana, el primer llanto de Humberto fue acompañado por relinchos de caballos y ruido de galopar, en la ciudad de Parral.

La División del Norte, encabezada por Pancho Villa, tomaba el estado de Chihuahua del que al cabo de unos meses el propio Villa sería gobernador.

En la casona de los Mariles, de tradición militar y relación con el general Venustiano Carranza, se criaban soldados primero que niños. Con nociones de estrategia y orden, Humberto montó a caballo casi antes de caminar sobre esas pedregosas calles surcadas por la División del Norte.

Con 12 años, fue inscrito al Colegio Militar bajo obligación de su padre, el coronel Antonio Mariles, quien no concebía que su hijo se mantuviera sereno en tan alborotado país. Ahí, gracias a su disciplina y talento como jinete, a su audacia y elegancia, apuró como nadie los ascensos de rango.

Sus triunfos en los Juegos Centroamericanos de 1935 hicieron que el presidente Lázaro Cárdenas le encomendara su primera gran misión. Fue enviado a los Olímpicos de 1936, para analizar el trabajo de las mayores potencias de ecuestres.

Así comenzó un proyecto planteado para los Olímpicos de Tokio 1940, muy pospuesto por la irrupción de la Segunda Guerra Mundial.

Para 1948, el ya coronel Mariles acumulaba glorias en los mayores eventos hípicos del continente. Sin embargo, al inicio del año olímpico se topó con un caballo tuerto llamado Arete y, para incomprensión general, sustituyó a Resorte, corcel con el que acumulaba varias preseas.

A unos días de dejar México para la gira europea previa a los Juegos, el presidente Miguel Alemán le exigió cancelar su participación en Londres, argumentando que no quería ridículos, quizá alertado de que Arete había perdido la visión en el ojo izquierdo.

Desacatando a la autoridad y exponiéndose a un juicio militar, Mariles adelantó el viaje. Por donde iba pasando junto con los jinetes que comandaba, México se coronaba. Sólo por eso, fue temporalmente absuelto, aunque sabía que el único perdón definitivo llegaría si conquistaba Londres.

En las instalaciones ecuestres de Aldershot, Mariles se convertiría en el, hasta ese momento, mejor saltador a caballo en la historia olímpica. Dos oros y un bronce, con Arete reverenciado en todo el planeta.

Acariciaría otra presea en Helsinki 1952, pero tendría un triste desenlace: personaje digno de tragedia griega, moriría en una cárcel de París.

2 oros y 1 bronce en Londres 1948 · Ganador de los mayores torneos en EUA · Campeón en Juegos Centroamericanos y Panamericanos

JESSE OWENS

EL PRIMER REY

 Nació el 12 de septiembre de 1913 · Murió el 31 de marzo de 1980

Durante toda la conversación con Charles Riley, primer adulto blanco con el que hablaba, Jesse pensaba en una frase de su padre: para evitar palizas ni siquiera mires a los ojos a quienes no sean negros.

El coach lo invitaba al entrenamiento que impartía tras la escuela. El avergonzado chico de 14 años aceptó, olvidando que a esa hora debía trabajar cargando paquetes y ayudando a un zapatero. Entonces Riley, consciente de su enorme talento, propuso prepararlo antes de comenzar clases.

Ese joven atleta había sido bautizado como James Cleveland, de ahí que en su nativa Alabama le llamaran por sus iniciales, JC. Nieto de esclavos, las paupérrimas condiciones en las que se crio pudieron costarle la vida. A la neumonía que padecía a cada invierno por no tener con qué abrigarse, se añadió un susto peor cuando a los cinco años su madre le descubrió una protuberancia en el pecho. Sin recursos para un hospital, ella misma extrajo el bulto de fibra con un cuchillo. La hemorragia duró tres noches, hasta que JC volvió a jugar con sus nueve hermanos mayores y, de a poco, a colectar sus 40 kilogramos diarios de algodón.

Tiempos difíciles en los que millón y medio de afroamericanos emigraban desesperados al industrial norte del país. Los Owens se movieron al estado de Ohio y, sólo pisar el colegio, la maestra entendió que JC era Jesse, cambiándole el nombre para siempre.

Charles Tyler corregiría su técnica, pero además lo trataría como a un hijo, regalándole calzado deportivo, alimentándolo en su casa hasta que Jesse alcanzó edad universitaria.

A diferencia de sus compañeros blancos que recibieron becas, él pagó sus estudios empleándose como mesero de día y ascensorista de noche. En la pista nadie lo vencía, mas fuera de ella la discriminación era brutal: no le permitían dormir en el campus, viajaba en otro vagón, comía en restaurantes restringidos para afroamericanos.

El 25 de mayo de 1935 refulgió como la mayor estrella que el atletismo hubiese visto: rompió cinco récords mundiales e igualó uno más en escasos 45 minutos. Hegemonía que llevó a los Olímpicos de Berlín 1936, donde conquistó cuatro oros.

Mucho se dijo sobre el enojo de Hitler al contemplar a un negro reinando en el festival que planteaba la superioridad de la raza aria, aunque a Owens le afectaba más lo que pasaba en su tierra. Hasta en su propio homenaje lo obligaron a acceder por la entrada de servicio.

En los siguientes años se ganaría la vida en espectáculos que lo ponían a correr contra animales.

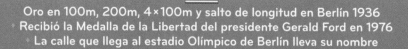

Oro en 100m, 200m, 4×100m y salto de longitud en Berlín 1936
Recibió la Medalla de la Libertad del presidente Gerald Ford en 1976
La calle que llega al estadio Olímpico de Berlín lleva su nombre

FANNY BLANKERS-KOEN

LA REINA Y SU REVOLUCIÓN

 Nació el 26 de abril de 1918 · Murió el 25 de enero de 2004

A cinco kilómetros del palacio real de Soestdijk, vio su primera luz la que sería la reina mundial del atletismo.

Pese a la cercanía al castillo, los Koen fueron criados en la inestabilidad de la Holanda rural. Siendo granjero su padre, la familia se mudó varias veces en búsqueda de tierras, hasta que una bancarrota los llevó a las afueras de Ámsterdam.

Entre los cinco hijos, la única mujer era Fanny, quien al salir corriendo a cada encargo de mamá, libraba la verja hacia la calle con un poderoso salto. Hubo ocasiones en que se raspó o cayó mal, pero su fuerza de piernas ya era tan notoria como su fuerza de voluntad.

Brillaba en tenis, esgrima, patinaje, gimnasia, natación, aprovechando las instalaciones construidas en Ámsterdam para los Olímpicos de 1928.

En tiempos en los que los padres alejaban a sus hijas del deporte, Arnoldus, su papá, ese que practicara lanzamiento de disco, la motivaba.

A los 17 años, Fanny lucharía por su lugar en la natación de Berlín 1936, mas su entrenador le sugirió moverse al atletismo porque había muchas nadadoras. Desde niña experta en mudanzas, Fanny accedió y un año después ya arañó la medalla olímpica.

Cancelados los siguientes Juegos por la Segunda Guerra Mundial e invadida Holanda por el ejército nazi, se pensó que su carrera terminaba. Más aun, cuando se casó y fue madre.

Sin embargo, Fanny estaba por forjar una revolución. Con sus dos hijos sentados en la canasta de su bicicleta, se dirigió a la pista y reanudó de inmediato los entrenamientos. Consultó al médico sobre si el esfuerzo sería un problema para seguir amamantando a su bebita; inexistente por entonces la evidencia, siguió porque nadie le pudo decir que no.

En el último año de la guerra, ante el llamado *Hongerwinter* o invierno de hambruna, priorizó los alimentos para sus críos y perdió tanto peso que, al verla, pocos recordaban su fortaleza. Incluso así, impuso marcas mundiales y llenó de moral a los holandeses al correr mostrando símbolos nacionales como el color naranja.

Al volver la paz, se trazó como objetivo los Olímpicos de 1948. Acusada de abandonar a sus hijos, tachada de mala madre, señalada como demasiado mayor para la velocidad, conquistó cuatro medallas de oro, que debieron ser seis si le hubiesen permitido registrarse en salto de altura y salto de longitud, en los que poseía la mejor marca de la historia.

La apodaron *Ama de Casa Voladora*. A ella le bastó con romper los prejuicios que exigían a las mamás quedarse en casa. Lo hizo con pantaloncillo naranja.

4 oros en Londres 1948 (80 metros con vallas, 100 metros, 200 metros y 4×100) · Impuso 20 récords en 8 pruebas distintas · La mejor atleta del siglo XX según la IAAF

EDOARDO MANGIAROTTI

MOSQUETERO A DOS MANOS

 Nació el 7 de abril de 1919 · Murió el 25 de mayo de 2012

El palacete de los Mangiarotti, al norte de Milán, lucía como una especie de gimnasio.

En esa sala donde cantara la abuela Adelina Stehle, reconocida soprano austriaca, los tres hijos de Giuseppe practicaban boxeo. En otra más amplia, donde se organizaran los aristocráticos bailes, los niños efectuaban rutinas de ejercicio. Ante ese comedor que ofreciera glamurosos banquetes, se vivía pensando en esgrima.

Giuseppe Mangiarotti amaba ese deporte en el que estuvo cerca de la medalla en Londres 1908. Sin embargo, su mayor legado no sería como esgrimista, sino como creador de la escuela más importante de esta disciplina.

Siempre analítico e innovador, sembró un estilo diferente en cada uno de sus descendientes, quienes competían por su predilección con florete y espada, con guantes de box o nadando, en ciclismo o atletismo. Al segundo de ellos, llamado Edoardo, lo especializó en el uso de la mano izquierda pese a ser diestro; lo anterior, como homenaje a su esgrimista favorito, el zurdo Lucien Gaudin, multimedallista en los años veinte. Ni el soñador Giuseppe podía imaginar los alcances de su creación: versátil e impredecible por su manejo de dos perfiles, con una resistencia atípica producto de la práctica de tantos deportes, Edo superaría al idealizado Gaudin.

Como Ares, dios griego de la guerra, Edoardo se eternizaría con una espada. Y, como Ares, sería un personaje épico, mosquetero de mitología.

A los 17 años ganó a su hermano mayor, Dario, la calificación a los Olímpicos de Berlín 1936. Ahí, conquistó su primera medalla de oro.

Para 1940 se pensaba que los tres Mangiarotti serían seleccionados por Italia, pero la Segunda Guerra Mundial canceló esos Juegos. Edo fue movilizado al regimiento de infantería, desencajado al cambiar sus honorables fierros por los desleales morteros, deprimido conforme el conflicto se alargaba y otros Olímpicos se anulaban. Tomada Italia por los aliados, Edo entró como refugiado a Suiza. La noticia llegó hasta el Comité Olímpico Internacional, donde se promovió que Mangiarotti dejara ese campamento y volviera a la esgrima.

No obstante, tardó en recuperar su mejor versión. En Londres 1948 ganó tres medallas, mas ninguna de oro, posponiendo la gloria para las siguientes tres justas olímpicas, cuando se suponía erróneamente que ya era un veterano.

Edo se retiraría como el esgrimista más exitoso y los Mangiarotti como dinastía. Su hermano Dario obtendría tres preseas y su hija Carola iría a dos Olímpicos.

Visto a un siglo de distancia, bien hizo Giuseppe en transformar su palacete en gimnasio.

6 oros, 5 platas y 2 bronces en 5 Juegos Olímpicos · Su primer oro fue a los 17 años, el último a los 41 · 26 medallas en Mundiales

ÁGNES KELETI

LA REINA SOBREVIVIENTE

 Nació el 9 de enero de 1921

Un sueño que se repetiría. El sueño de una vida sepultada en bombas y odio. Sueño en el que Aggi vuelve a tocar el violonchelo en Budapest y nada en el lago Balatón con su papá, Ferenc Klein, ese atlético personaje que incentivara en ella el deporte.

Así fue su infancia, dividida entre dos pasiones: niña prodigio que se imaginaba violonchelista en conciertos; chica fuerte y audaz en todo deporte.

El primer cambio relevante fue que su apellido Klein, claramente judío, se sustituyera por Keleti, traducible del idioma magiar como "oriente". Sus padres intentaban de esa forma protegerse del antisemitismo que crecía en Hungría.

Como Ágnes Keleti incursionaría en la gimnasia y a los 16 años ya era la mejor del país. Sin embargo, ni competir en Olímpicos en 1940, ni interpretar música de Franz Liszt, iniciaba una década trágica al cabo de la cual tres cuartas partes de los judíos húngaros serían asesinados.

Las leyes antijudías obligaron a que echaran a Aggi de ese club de gimnasia que tan orgulloso se mostraba de ella. A eso siguió que tanto su casa como el negocio familiar les fueran quitados, aunque lo peor sucedería con su padre, quien moriría en el campo de exterminio de Auschwitz.

Luchando por subsistir, Ágnes vendió su violonchelo para comprar los papeles de identidad a una joven polaca. Desde ese momento, se presentó con el nombre Yuhasz Piroshka, fingiendo que era analfabeta y provenía de un pueblo.

Trabajó como empleada doméstica de un comandante nazi y, para llevar comida a su madre escondida, efectuó las labores más marginales, como mover cadáveres luego de las sangrientas batallas del Sitio de Budapest en 1945.

Finalizada la Segunda Guerra Mundial decidió no poner de nuevo sus manos en un instrumento musical. Retomó la gimnasia, quizá buscando en la disciplina deportiva el recuerdo de papá. Con mirada triste y dedicación voraz, recuperó la corona como mejor gimnasta húngara, pero se lesionó a una semana de debutar en Londres 1948. ¿Drama? Imposible para quien había sufrido lo que Ágnes.

En Helsinki 1952, vista ya como veterana, comenzó una enorme colección de medallas que incrementaría en Melbourne 1956.

No obstante, antes de esos últimos Olímpicos, estalló la Revolución húngara y casi es impactada por una bala perdida. Terminados los Juegos, al saber que tanques soviéticos habían entrado a Budapest, no volvió.

Ágnes, alguna vez Aggi, alguna vez Klein, alguna vez Piroshka, empezó otra vida en Israel. Ahí soñaría a cada noche con esas cuerdas del violonchelo, con esas brazadas en el Balatón, con esa casa bombardeada ante el río Danubio.

5 oros, 3 platas y 2 bronces entre Helsinki 1952 y Melbourne 1956 • Campeona mundial en 1954 • La medallista de oro más veterana en gimnasia

VIKTOR CHUKARIN

EL PRISIONERO 10491

 Nació el 9 de noviembre de 1921 · Murió el 25 de agosto de 1984

Una voz rusa explicaba en la radio cómo ejercitar el cuerpo.

El pequeño al que llamaban por el diminutivo Vitya aplicaba los ejercicios con tanta determinación, que en Mariúpol, Ucrania, se conocía su agilidad. Incansable, nadaba y remaba en el mar Azov, para después jugar futbol y colgarse de la portería con tremenda capacidad gimnástica, aunque cierta vez se abrió la cabeza al caer.

En los años treinta, mientras Ucrania padecía una severa hambruna propiciada por las políticas orquestadas desde Moscú, su padre pidió a parientes en Rumania que le enviaran semillas para sus plantaciones. Las autoridades soviéticas interpretaron esa carta como traición y mandaron a ese campesino cosaco a Siberia. Vitya no lo volvió a ver.

Desatada la Segunda Guerra Mundial, el ya adolescente Viktor se ofreció voluntario en la unidad de artillería del Ejército Rojo. La batalla de Poltava resultó brutal. Tan ajeno a la gimnasia en la que ya era campeón ucraniano, Chukarin fue herido y capturado. Tres años en los que pasaría por 17 campos de concentración nazis, incluido el siniestro Buchenwald.

Entre epidemias, ayunos, humillaciones y, sobre todo, un azar que le permitió vivir mientras tantísimos otros morían, su número de prisionero se convirtió en su nombre. Ese 10491 que carga-

ba inmensos sacos de carbón, cavaba fosas sin descanso y realizaba trabajos pesados. Ese 10491 que, pese a todo, efectuaba ejercicios físicos en el barracón donde dormía.

Al saber próxima la derrota, los nazis enviaron barcas hacinadas de reclusos para que se hundieran en el mar Báltico. Grande fue la suerte de Viktor de que la armada británica rescató la suya.

Confundido y desnutrido, regresó a casa sin que su madre pudiera reconocerlo en ese esqueleto de 40 kilogramos. Lo identificó al descubrir aquella cicatriz de esa otra vida en la que hacía piruetas sobre el travesaño, antes de que el estalinismo lo dejara sin padre y el nazismo sin fe.

Durante un año comió como nunca y entrenó seis horas diarias, debía recuperar peso y músculo. Para 1948 ya conquistaba su primer título nacional, pero las autoridades soviéticas le impedían salir al extranjero, temiendo que hubiera sobrevivido a los campos nazis por colaborar con el enemigo.

Decidido que la URSS debutaría en Olímpicos en 1952, resultaba urgente contar con garantías de medalla. Sólo por eso Chukarin fue autorizado a participar en los Juegos de Helsinki.

Con 30 años e inenarrables marcas de dolor, la primera gran figura de la gimnasia varonil, ese Vitya, ese prisionero 10491, iniciaba su ascenso al Olimpo.

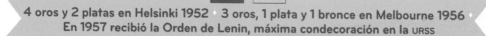

4 oros y 2 platas en Helsinki 1952 · 3 oros, 1 plata y 1 bronce en Melbourne 1956 · En 1957 recibió la Orden de Lenin, máxima condecoración en la URSS

EMIL ZÁTOPEK

LA LOCOMOTORA QUE ODIABA EL DEPORTE

 Nació el 19 de septiembre de 1922 · Murió el 22 de noviembre de 2000

Prohibida la vocación atlética en la familia Zátopek. Demasiado ocupado como carpintero y campesino, para František el deporte era una pérdida de tiempo.

Su sexto hijo, Emil, sólo jugaba futbol cuando lo obligaban, aunque se le recuerda incansable por toda la cancha. Tampoco le interesaba ejercitarse, pero a los 10 años lo metieron a una carrera escolar y, sobrado de energía, completó el recorrido tres veces.

Momentos difíciles en la recién fundada Checoslovaquia, a los 14 años Emil tuvo que dejar su pueblo para trabajar en una fábrica de zapatos ubicada a 100 kilómetros. Ahí, entre irritantes olores a caucho y suelas ardiendo, el pequeño obrero se desvelaba para además estudiar química e idiomas.

La entrada del ejército nazi lo sorprendió en ese lugar, mas una casualidad transformó su vida: todos fueron obligados a participar en una carrera. El antideportivo Emil pretextó que sus piernas no servían para eso, que estaba lastimado; el médico lo revisó y negó su versión. Corrió de mala gana y lo mejor no fue su segundo puesto, sino que hallara en esa actividad una terapia para procesar la guerra que sufría lejos de mamá y papá.

A partir de eso, Zátopek empezó a correr cada que se dirigía a la fábrica, motivación que creció al descubrir carreras cuyo premio eran rodajas de pan. Sin nadie que le enseñara, inventó su técnica.

Con postura chueca y la quijada rebotando sobre el pecho, con semblante de dolor y sonidos extraños, con pasos arrítmicos y cortos. Esa locomotora estaba hecha para moverse como sólo ella y entrenar hasta límites nunca imaginados, acumulando 800 kilómetros por mes, a veces cargando a su novia para incrementar la resistencia.

Todavía ayudó a las tropas soviéticas a cavar trincheras para vencer a los nazis y, tras la guerra, se integró al ejército checoslovaco. En esa etapa mantuvo su condición física repartiendo la correspondencia militar a máxima velocidad sobre pesadas botas y trepando la pared del estadio Strahov para entrenar por la noche.

En Londres 1948 se colgó sus primeras medallas, pero Helsinki 1952 lo convirtió en el corredor más completo de la historia. Luego de dominar las pruebas de 5 mil y 10 mil metros, se inscribió para una distancia que jamás había hecho y para la que, en principio, no estaba preparado: el temido maratón. Con la misma técnica basada en rebotes y muecas, fundió a todos e impuso récord.

Hijo consentido de la Checoslovaquia comunista, hasta que en 1968 él mismo protestó ante los tanques soviéticos que tomaban Praga. El castigo de ese amante de la libertad fue trabajar las siguientes décadas en una mina.

Oro en 10 mil y plata en 5 mil metros en Londres 1948 · Oro en 5 mil, 10 mil y maratón en Helsinki 1952 · Impuso 18 récords mundiales

ALICE COACHMAN

VUELO CONTRA EL RACISMO

 Nació el 9 de noviembre de 1923 · Murió el 14 de julio de 2014

"¡Tu hija saltará por encima de la luna!", gritaron con emoción a Evelyn tras ver volar a la pequeña Alice.

"¿Cuál luna? ¡Si sigue saltando, se va a romper el cuello!", respondió esa madre angustiada porque su esposo supiera que la niña había vuelto a escapar para correr y brincar.

Albany, su pueblo, parecía atorado en la Guerra Civil: férrea segregación racial y sometimiento de los afroamericanos como ellos.

Eso, y ser veterano de la Primera Guerra Mundial, propició que Fred Coachman educara con la mano más dura a su familia, la disciplina para alejar a sus hijos de problemas. Que los hombres se limitaran a trabajar y las mujeres a cocinar, insistía muy serio cuando ya estaban repartidos sus 10 descendientes sobre tres frágiles camas.

Pese a que el castigo por desobedecer eran unos azotes de papá, Alice desafiaba sus prohibiciones al salir a entrenar. Corriendo descalza sobre piedras, armaba barreras con trapos y palos de bambú para exigirse saltos de mayor altura.

Nunca se cansaba. Acudía a la escuela, recogía algodón, llevaba maíz al molino y se ejercitaba siempre sobre tierra porque las instalaciones deportivas del estado de Georgia eran exclusivas para blancos.

Cuando pasaba de los 15 años, el Instituto Tuskegee, de la vecina Alabama, le ofreció una beca luego de observar su poderío. Su maestra Cora y su tía Carrie lograron lo impensable: convencer al imponente Fred de que la niña se dedicara al deporte.

A cambio de recibir educación, Alice limpiaba gimnasio y alberca, además de coser los uniformes del equipo de futbol americano. En Tuskegee compitió por primera vez con calzado y, de entrada, sus pies le dolieron. Por eso sus primeros récords fueron sin zapatos.

A cada año se coronaba a nivel nacional en pruebas de velocidad, salto, baloncesto, pero la prensa blanca la ignoraba. A cada año también, suplicaba que la Segunda Guerra Mundial terminara para que al fin hubiera Olímpicos. Tanto en 1940 como en 1944, cuando se cancelaron los Juegos, ella sabía que sus registros bastaban para varias medallas.

El colmo fue que, cuando la paz permitió que Londres organizara los Olímpicos de 1948, ella estaba lesionada de la espalda. Por ello sólo participó en salto de altura, donde su oro, con récord incluido, fue el primero de la historia para una atleta negra.

Alice no saltó por encima de la luna, pero sí de las barreras impuestas tanto a mujeres como a afroamericanos, aunque en el sureño Albany todo seguía igual. En el homenaje a su regreso, negros y blancos fueron sentados por separado.

Medalla de oro en salto de altura en Londres 1948 · Al menos 8 medallas estimadas de haber existido Olímpicos en 1940 y 1944 · 34 títulos nacionales en EUA

JOAQUÍN CAPILLA

ESTÉTICA POR LOS AIRES

 Nació el 23 de diciembre de 1928 · Murió el 8 de mayo de 2010

Una historia familiar tan cercana a la Revolución mexicana como a la migración, hizo que para los Capilla estuviera prohibido experimentar miedo.

Alberto, odontólogo criado en España, repetía a sus hijos que las alturas eran para no temerse, que nada les iba a pasar, que si se lastimaban ya sanarían.

El segundo de sus descendientes, el travieso Joaquín, deseoso de convertirse en bombero cuando creciera, llevaba la visión intrépida de papá al extremo. Saltar desde el balcón, entrar a casa escalando por la pared, trepar árboles de los que a menudo resbalaba, lanzarse al lago de Chapultepec, arrojarse del ropero hasta esas maltrechas camas que a menudo debían ser rehabilitadas en su casa de la colonia Roma.

Lejos de intimidarse por el listado de puntos de sutura y brazos fracturados entre los suyos, el Dr. Capilla insistía que lo relevante era atreverse y los domingos ofrecía monedas a quien se aventara del trampolín.

No obstante, Joaquín iniciaría nadando y no volando en acrobacias. Sin importar cuánto se esforzara por ser más veloz en estilo de pecho, siempre terminaba en último lugar. Tenía 12 años cuando se fastidió de ser el peor y abandonó.

Antes de eso, el entrenador de clavados, Mario Tovar, había notado la emoción del niño al con-

templar a los clavadistas en caída hacia la alberca. Incluso, alguna vez lo observó echándose de pie desde la plataforma más alta, algo impensable para el resto de los pequeños. Por ello, al reparar en su repentina ausencia, hizo una llamada que modificaría la historia olímpica de su país. Lo invitaba a cambiar de deporte.

Joaquín volvió a la piscina, pero ya nunca para ocupar un carril. Con Tovar como mentor, descubrió que los clavados no eran sólo valentía, sino elegancia, precisión, arte.

Para entrenar dos sesiones diarias sin faltar a clases, vivió la mitad de su adolescencia en autobuses. Iba y venía por la ciudad, como su abuelo antaño en barcos entre México y España. A los 19 años, cuando ya era multicampeón centroamericano y suponía que dominaba cada ejecución, Tovar lo convenció de que no bastaba. Juntos viajaron para estudiar a pie de alberca a esos expertos estadounidenses, inconscientes de que ese flacucho mexicano, que analizaba con atención su técnica y no paraba de preguntar, los superaría muy pronto.

Unos meses después fue integrado al equipo mexicano que competiría en los Olímpicos de Londres 1948. El nadador que se hartó de ser el peor, el que soñaba con ser bombero, se transformó en uno de los clavadistas más pulcros de todos los tiempos.

3 medallas en plataforma de 10 metros (oro en 1956, plata en 1952 y bronce en 1948) · Bronce en trampolín de 3 metros en Londres 1948 · 4 oros en Juegos Panamericanos y 4 en Centroamericanos

ROBERT MATHIAS

¿DECA... QUÉ?

 Nació el 17 de noviembre de 1930 · Murió el 2 de septiembre de 2006

La respuesta menos esperada. Cuando el entrenador sugirió a Bob que se registrara para el torneo de decatlón, el todavía estudiante de preparatoria contestó confundido, sin siquiera saber si se trataba de un deporte: "¿Qué es un decatlón?"

Por meses había visto al muchacho de 17 años promediar nueve yardas por acarreo con el equipo de futbol americano y 18 puntos a cada partido de baloncesto, a lo que se añadía su furibundo lanzamiento de disco y gran velocidad en varias distancias. Tal parecía que en cuanta actividad física intentara, Bob estaba destinado a triunfar. Por eso el decatlón, esas 10 pruebas atléticas, compendio máximo del olimpismo, debía ser el sitio natural de ese fortachón de 1.90 de estatura.

Impensable apenas 10 años atrás, cuando padeció preocupantes cuadros de anemia que lo debilitaban hasta siempre requerir una siesta a mediodía. Su padre, médico que en su juventud fuera tacle en futbol americano colegial, controló la dieta del niño y le prescribió pastillas de hierro. Ese papá que organizara competencias entre sus tres hijos en su jardín quedó estupefacto al constatar que el más enfermizo de ellos era, por mucho, el más ágil.

Al llegar al preolímpico del enigmático decatlón, Bob no tenía noción de cómo se saltaba con garrocha, cómo se lanzaba la jabalina y cómo necesitaba dosificar su aceleración en los 1500 metros. Con una técnica tan incierta que hubo quienes temieron que les cayera la jabalina encima, calificó a Londres 1948.

Seis semanas después de su estreno como decatleta, se transformó en el medallista de oro más joven en pista y campo de la historia olímpica. Asumiendo que el decatlón lo ganaba por inercia, empezó su trayectoria como corredor de poder en futbol americano colegial. En 1951 logró un hito inigualable: imponer récord mundial en decatlón y meses más tarde meter a los Indians de la Universidad de Stanford en el Rose Bowl, luego de devolver una patada hasta anotación tras correr 96 yardas.

En Helsinki 1952 mejoró su propia marca mundial para otro oro en decatlón. Al regresar a Estados Unidos era tanta la reverencia que se le brindaba que se filmó una película sobre su vida, con Bob Mathias personificándose a sí mismo.

El Comité Olímpico consideró que ese dinero ingresado como actor violaba las estrictas normas de amateurismo y lo convertía en profesional. Así, se le prohibió acudir a Melbourne 1956 a lo que hubiese sido otra corona segura, entendiendo que Bob jamás perdió un decatlón: ese evento cuyo nombre desconociera sólo 50 días antes de erigirse en su rey.

Oro en decatlón en Londres 1948 y Helsinki 1952 · Invicto en los 11 decatlones que hizo · 3 veces mejoró el récord mundial

ABEBE BIKILA

EL EMPERADOR DESCALZO

 Nació el 7 de agosto de 1932 · Murió el 25 de octubre de 1973

No había mundo más allá de las montañas en la remota aldea etíope de Jato.

Abebe sólo superó ese límite a los cuatro años, cuando las tropas de Benito Mussolini invadieron Etiopía y, alistado su padre en el ejército, se refugió con su madre en un poblado incluso más aislado.

Como el resto de los niños en Jato, Abebe vivía moviéndose con el ganado, mas él buscaba que las cabras pastaran a distancias que nadie se atrevía a recorrer. Eso le abrió una obsesión: acaso llegando muy lejos vería dónde se esconde el sol y así evitaría el atardecer.

Con el pretexto de perseguir faisanes para llevar comida a su choza, el flacucho cada vez tocaba puntos más retirados, firme en el objetivo de pisar el horizonte. Tras sus larguísimos trayectos, todavía jugaba la extenuante versión etíope de hockey, con las porterías separadas por inmensos campos.

A los 17 años, durante una época de sequía en la que le costaba mantener a su madre se trasladó a la capital Adís Abeba. Más de 150 kilómetros a pie que apenas interrumpió para dormir tres horas a la intemperie, bajo una incierta luna.

Estuvo desempleado hasta que lo admitieron como guardia del emperador Haile Selassie. Al principio nadie en el cuerpo de seguridad imperial quería creerlo, pero de a poco se confirmó que a diario iba y venía hasta el pueblo de Sululta, único sitio donde podía pagar una renta, lo que equivalía a más de 40 kilómetros. Así llamó la atención del entrenador nacional de atletismo, el sueco Onni Niskanen.

Sin embargo, Abebe sólo se animó al deporte formal al atestiguar la recepción brindada a los atletas que habían competido en los Olímpicos de 1956. Reparando en el nombre del país en sus espaldas, decidió que algún día vestiría un uniforme igual.

Niskanen lo convenció de que no era tarde para mejorar su técnica: la postura de la cabeza, el uso de los brazos, la zancada.

Llegó a Roma para los Olímpicos de 1960 siendo un total desconocido. Al fin portando el uniforme que lo encandilara, aunque sin hallar calzado de su talla. Nada a lo que no estuviera acostumbrado, Bikila corrió descalzo y sin zapatos destrozó el récord mundial de maratón.

Rumbo a la meta pasó junto al obelisco robado por las tropas de Mussolini durante la invasión que lo obligó a esconderse con mamá; por si faltaba motivación para acelerar, ahí tenía. Repetiría oro con récord en los Olímpicos de Tokio 1964: el horizonte buscado en su niñez estaba en lo alto del monte Olimpo.

Su vida terminó demasiado pronto. Un accidente automovilístico lo confinó a una silla de ruedas y falleció por complicaciones.

Oro en maratón de Roma 1960 y Tokio 1964 · Entre esos dos Olímpicos sólo dejó de ganar una maratón · Primer medallista de oro del África subsahariana

LARISA SEMYONOVNA LATYNINA

EL OLIMPO COMO BOLSHOI

 Nació el 27 de diciembre de 1934

En esa carrera callejera sólo se peleaba el orgullo. A unos metros de la meta trazada con gis sobre terracería, Lara anticipó que perdería y saltó con los brazos al frente. Su mano cayó en un vidrio, generando una hemorragia que espantó a todos. Mareada y adolorida, la única chica en la competencia clamó: "¡Mis dedos cruzaron primero! ¡Gané!"

Esa cicatriz de cuando tenía seis años le recordaría por siempre que no basta con el segundo lugar. Exigencia que heredó de su madre, una ucraniana analfabeta que trabajó sin descanso para alimentarla, luego de que, cuando Larisa acababa de nacer, fuera abandonada por su esposo.

En la ciudad de Jersón, estratégica por salir al mar Negro, sucederían episodios terribles durante la Segunda Guerra Mundial. Cada que se aproximaba un bombardeo, Lara corría al sótano apretada a la falda de mamá. Cierto día dejaron de escucharse esos estruendos y observó desde su ventana cómo entraban los tanques nazis ya sin resistencia. Equipada con un bolso lleno de pan duro, fue enviada con otros niños a refugiarse en el campo.

Mientras se iba de Jersón, horrorizada por lo que podría sucederle a su madre ya con el enemigo instalado en el barrio, rememoraba la feliz carta recibida antes de la invasión. En ella su padre se disculpaba por haber escapado de casa, prometía volver tras la guerra y se emocionaba por cuanto compartirían en el futuro. Algo que no sería posible: como cientos de miles de personas más, en la Batalla de Stalingrado moriría ese hombre que se arrepintió tarde de abandonar su hogar.

Lara encontró en la estética del ballet una fuga a las atrocidades que vivió. Elástica y elegante, se imaginaba como bailarina estelar del teatro Bolshoi en Moscú. El sueño terminó cuando el profesor de danza fue cambiado de ciudad y su vacante no se cubrió.

Deprimida, con un nuevo vacío, una mañana reparó en que las niñas mayores practicaban gimnasia al ritmo de diversas canciones. Eso no era su amado ballet, aunque tampoco resultaba tan distinto. Así comenzó y, con la misma actitud de cuando voló a la meta, no se conformó hasta ser la mejor.

Si a su madre le daba tiempo de limpiar pisos de día y cuidar edificios de noche, esa ninfa compaginaría estudios de ciencias y entrenamientos. Ninfa, como la Larisa de la mitología griega, quien tras mucho sufrir derrochara belleza.

Su récord de medallas subsistiría más de medio siglo. En 1958 ganó cuatro oros en un Mundial sin que se supiera de su embarazo. A unas semanas de nacer su hija, reanudaba su camino al Olimpo: la ninfa Larisa reinaría en otros dos Juegos.

9 oros, 5 platas y 4 bronces en Melbourne 1956, Roma 1960 y Tokio 1964 · 18 medallas olímpicas en 19 pruebas competidas · 9 oros en Mundiales entre 1954 y 1966

ALFRED OERTER

EL DISCÓBOLO EN PERSONA

 Nació el 19 de septiembre de 1936 · Murió el 1 de octubre de 2007

Con una voz tan grave que hacía vibrar los remos, el gigante aseguraba a su hijo de 11 meses que, si se lo proponía, podía aprender a remar incluso antes de caminar. Como muestra, sus gruesos brazos impulsaban la barca alrededor de Long Island, isla vecina a Nueva York.

Filosofía que Al quiso trasladar a los deportes, algo imposible de pequeño cuando le diagnosticaron hipertensión arterial.

Vigilado de cerca por los médicos y siempre bajo preocupación de mamá, el niño se fue integrando con éxito a cada disciplina deportiva.

Cuando ya apuntaba a ser aun más alto y fuerte que su papá, acudió a una práctica de beisbol. Un batazo se coló al jardín central que cubría y sorprendió a todos al lograr que la bola llegara no sólo al pícher, como pretendía, sino por encima de la reja, muchos metros arriba del *home*.

Sin embargo, Al deseaba ser velocista y no beisbolista. Cierta mañana corría en el colegio, cuando un disco cayó pegado a su ubicación como mensaje divino. Con mero instinto, basado en la forma en que había observado que ese objeto se arrojaba, lo devolvió sobrepasando las marcas alcanzadas a esa edad.

El entrenador tomó al muchacho de 15 años y ya no lo soltó. Oerter asimiló las correcciones técnicas con rapidez, mas sin permitir que se mo-

dificara lo que le parecía el entrenamiento idóneo. Le llamaba el método de la toalla: cada jornada colocaba la toalla a una distancia y sólo dejaba de lanzar al superarla.

Siguió creciendo hasta el 1.93 de estatura, al tiempo que su peso subía a los 125 kilogramos. A esa anatomía privilegiada añadía el prepararse para cualquier eventualidad: si llovía o nevaba, si las ráfagas de vientos o los rayos de sol, si tenía fiebre o un problema muscular, él debía saber cómo comportarse.

Se presentó en Melbourne 1956 como un desconocido y, con récord olímpico, se coronó. Cuatro años después resultó un milagro que estuviera en Roma 1960, tras un severo accidente de coche volvió a imponerse. El médico desaconsejó que participara en Tokio 1964 por una lesión de espalda y, con los peores dolores que jamás experimentaría, de nuevo fue campeón. Ya en México 1968 escuchó que lo tildaron de veterano, sólo para aferrarse a la cima del podio.

¿Cómo logró ser el mejor en el momento cumbre cuando nunca figuraba como favorito? Al Oerter Jr. explicó que con la mente. El primer deportista en conquistar cuatro Olímpicos al hilo en la misma prueba, esa perfecta personificación de la estatua griega del Discóbolo, dio la razón a su padre: si se lo proponía, podía remar incluso antes que caminar.

4 oros en lanzamiento de disco entre Melbourne 1956 y México 1968
◆ Primer atleta en ganar 4 veces seguidas la misma prueba en Olímpicos
◆ Primero en lanzar más de 200 pies (61 metros)

DAWN FRASER

REBELDE CON AGUA

 Nació el 4 de septiembre de 1937

Por varios fines de semana, Dawn había sido aventada del trampolín en brazos de su hermano ocho años mayor, Donnie. Ese domingo, le susurró: "Estás lista". Cuando cayeron a la piscina, Donnie la soltó y Dawn nadó con agilidad.

Así aprendió a moverse por las aguas a los cuatro años, algo que perfeccionaría gracias a que esa alberca se conectaba con el río Parramatta. Una vez que Donnie lo indicó, juntos se pasaron al río.

Su padre, un futbolista escocés que pisó Australia de gira y ya no se regresó, la bautizó con la palabra inglesa para amanecer por nacer al alba; argumentaba que era su octava hija y ya no se le ocurrían nombres.

Dawn crecería como lo que en Sídney se conoce como una *larrikin*: irreverente y desafiante. Esperaba afuera del bar a papá, sabía meter apuestas y jugaba a todo con sus hermanos. Cierto día, el equipo de futbol australiano de Donnie estaba incompleto. Cuando el rival asumía su triunfo por *default*, corrió hacia Dawn, le tijereteó el cabello para que luciera como hombre y la alineó.

Vivir cerca de una mina abandonada de carbón, en un barrio sin salubridad, hizo que la niña padeciera asma y problemas pulmonares. En la natación halló la mejor terapia para respirar, pero sin pensar en dedicarse en forma.

Todo cambió una tarde en la que, muy a su estilo, discutía con unos muchachos en la piscina. El entrenador de esos jóvenes también se llevó algunos gritos hasta que la serenó. Le dijo que había notado su talento y le ofrecía prepararla gratis, sobreentendiendo que la chica de 14 años no tenía dinero. Su hermano le regaló su bicicleta para que se desplazara diario al centro acuático.

Su carrera se cortó al ser suspendida por recibir un premio económico en una competencia, sanción absurda para quien no comprendía de amateurismo ni de profesionalismo. Tema que perdió relevancia al enfermar Donnie de gravedad. La última ocasión en que se coló por la ventana a su cuarto en el hospital, su héroe le rogó con un hilo de voz que siguiera nadando. En adelante, todo sería en su memoria, todo sería por él.

Entrenaba a las cuatro de la mañana con botes de aceite amarrados a sus tobillos para incrementar fuerza, después trabajaba en lo que le diera de comer y de nuevo volvía a las brazadas.

En Melbourne 1956, a unos kilómetros de donde Donnie la soltara en el agua, ganó tres medallas. Al cabo de ocho años sería la primera en terminar los 100 metros en menos de un minuto y en dominar por tres Olímpicos la misma prueba.

Gloria sin dejar de ser una *larrikin*: en Tokio 1964 se divirtió intentando robar la bandera ondeada en el Palacio Imperial.

4 oros y 4 platas entre Melbourne 1956 y Tokio 1964 · Primera con 3 oros en una misma prueba (100 metros estilo libre) · Impuso 39 récords mundiales

WILMA RUDOLPH

LA NIÑA QUE NO CAMINARÍA

 Nació el 23 de junio de 1940 · Murió el 12 de noviembre de 1994

Los médicos le decían que no volvería a caminar con normalidad; Blanche, su madre, le aseguraba que sí. Wilma le creyó a ella.

En esa casa de madera en la que se amontonaba la familia Rudolph, la vigésima de 22 hermanos pasaría sus primeros años entre enfermedades y dolores. Niña débil desde su nacimiento prematuro, padecería neumonías, fiebre escarlata y poliomielitis, esta última paralizándole la pierna izquierda.

En la racista localidad de Clarksville no existían hospitales que atendieran a personas de tez negra. Una vez por semana, Wilma subía al autobús en brazos de su mamá, se recargaba en ella hasta sentarse en las dos filas traseras (únicas permitidas a los afroamericanos) y juntas se desplazaban 80 kilómetros a Nashville, donde estaba el sitio más cercano que admitía tratarla.

Ya de regreso, sus hermanos se turnaban para realizarle masajes y baños con agua ardiendo, convencidos de que mamá no mentía: Wilma se desprendería del horrible metal que sujetaba su muslo.

Por su endeble salud, la chica no acudiría a la escuela hasta que superó los siete años y, al hacerlo, se sintió señalada por su discapacidad. Desde una esquina observaba correr a sus compañeros sin entender lo que era moverse a esa velocidad.

Un día, cuando ya tenía 12 años, sorprendió a todos al ingresar a la iglesia sin el soporte. Con evidentes dificultades y la quijada apretada, caminaba.

Obsesionada en recuperar el tiempo perdido, empezó a jugar basquetbol mañana y noche. Al principio lento y apoyando incierta el pie, de a poco más rápido y firme, luego frenética; sin saberlo se regalaba la mejor rehabilitación posible.

Tanto jugó y perseveró –ahora Blanche la correteaba sin alcanzarla para que entrara a cenar– que a los 14 años fue invitada por el entrenador Ed Temple a desarrollar su talento en la Universidad Estatal de Tennessee. Para allá fue la niña que no caminaría y se impuso en las nueve pruebas en las que compitió.

Temple no le creía que recién se había desprendido del inmovilizador metálico. Ella menos creería cuando, con 16 años, calificaba a los Olímpicos de Melbourne. Jackie Robinson, el primer afroamericano en el beisbol de las Grandes Ligas, se impresionó al verla acelerando y la instó a seguir luchando.

Tras ganar el bronce en Melbourne, reinaría en los Juegos de Roma 1960. *La Gazzella Nera*, le apodaron los italianos. Esa gacela negra que, sin el esfuerzo de su numerosa familia, apenas habría salido de su cama en esa casa de madera tan frágil como su salud en la infancia.

Oro en 100, 200 y 4×100 metros en Roma 1960 · Bronce en 4×100 metros en Melbourne 1956 · Impuso récord mundial en todas sus pruebas

VĚRA ČÁSLAVSKÁ

LA NOVIA DE MÉXICO

 Nació el 3 de mayo de 1942 · Murió el 30 de agosto de 2016

Desde su tienda de comida en Praga, Václav contemplaba orgulloso a esa niña regordeta que, apenas aprendiendo a caminar, ya pateaba un balón.

Luego de dos hijas, ese exfutbolista del club Cechie Louny había deseado un varón. Por eso, le reclamaba su esposa, Věra prefería la pelota que las muñecas.

Vendiendo fruta y ensaladas preparadas en su cocina, Václav observaba que Věra había vuelto a rebotar contra el piso y le gritaba: "Puedes llorar, pero avanzarás".

El único miedo de Věra, quien de tantas caídas se rompió de todo en sus primeros años, era la llegada del tranvía vecino a su casa en el barrio de Karlín. Ese sonido le recordaba al de los bombardeos en la Segunda Guerra Mundial, cuando mamá jalaba las manos de sus tres hijas para refugiarse en el sótano.

Cuando se aburrió del balón, algo más grave cambiaría para esa familia: su tienda fue tomada por el régimen comunista en 1948 y su padre fue enviado a un puesto burocrático. Lejos de doblegarse, Václav repitió, "Puedes llorar, pero avanzarás", exigiendo que las chicas se desarrollaran de forma individual, que no dejaran a la política borrar su personalidad.

Por ello, tras ver en el teatro *El lago de los cisnes*, Věra quiso bailar ballet. Eso la llevó a un programa de televisión en donde, vaya casualidad, coincidió con la gran gimnasta Eva Bosáková. Tras reparar en su elasticidad y estética, la deportista invitó a Věra a entrenar con ella en su academia, a unas cuadras del famoso puente de Carlos. Tenía 15 años.

Dos años después, ya era campeona de Europa. Otro más, ya era medallista en los Olímpicos de Roma 1960. Cautivadora, carismática, intrépida, poderosa, transformó su deporte.

A dos meses de los Olímpicos de México 1968, los afanes checoslovacos de ser gobernados por un comunismo ajeno al de Moscú fueron aplastados por la entrada de tanques soviéticos. Siempre amante de la libertad, Věra adhirió su firma a un manifiesto contra esa agresión.

Perseguida y amenazada, cerró su preparación olímpica escondida en las montañas Jeseník. Repitiéndose aquello de "Puedes llorar, pero avanzarás", ensayó su rutina de piso en pleno campo, utilizó ramas como barras paralelas, endureció sus callos al apretar carbón, cargó sacos de papas en vez de pesas.

Logró llegar a México, en donde enamoró al público con su ejercicio al sonido del jarabe tapatío y se casó en la Catedral de esta ciudad. Al volver a Praga, la primera gimnasta en conquistar el oro en todas las modalidades, fue orillada al retiro.

7 oros y 4 platas entre Roma 1960, Tokio 1964 y México 1968 ◆ 2 veces campeona del *all-around* olímpico ◆ Primera en ganar oro en todas las modalidades

WYOMIA TYUS

DE LA PÉRDIDA A LAS ESTRELLAS

 Nació el 29 de agosto de 1945

Ir al pozo por agua, sacudir el árbol para que cayeran nueces y venderlas, incluso cazar conejos o pescar para comer, en todo ayudaban los hermanos Tyus salvo en ordeñar vacas.

Willie, su padre, repetía que ése era su trabajo y que ellos no debían desgastarse en algo por lo que cobraba. Siempre con una predilección por Wyomia, su única niña, la menor de los cuatro, insistía que con su esfuerzo sus hijos disfrutarían de un mejor porvenir.

Dormían en una casa integrada a la granja lechera de la que Willie se ocupaba desde mucho antes del amanecer. Caso extraño en Georgia a mitad de siglo xx, tan racista que el Ku Klux Klan preregrinó por esas calles, los Tyus eran vecinos de puros blancos, inquilinos del dueño de la granja. Mientras que los demás chicos caminaban para llegar al instituto exclusivo para blancos, Wyomia y sus hermanos tomaban una hora de autobús hasta la escuela para afroamericanos.

Todo era deporte en ese espacio abierto. El granero servía para saltar, cayendo sobre heno. Los desperdicios se convertían en pelotas. Su madre pretendía interesarla en actividades que consideraba femeninas, pero Wyomia prefería los rudos juegos de sus hermanos. Al serle regalada una muñeca, la adaptó como ovoide para una partida de futbol americano.

Felicidad que terminó de súbito cuando tenía 14 años: se incendió su casa y nada se rescató. Su padre, de por sí ya enfermo, deterioró hasta morir casi de inmediato.

Wyomia comenzó a jugar baloncesto en el colegio sólo como excusa para posponer su regreso y no notar la ausencia de papá. De ahí pasó a correr, todo servía contra el vacío. Corrió y corrió como terapia, hasta que fue vista por el legendario Ted Temple, entrenador de la mayor universidad para afroamericanos, la Estatal de Tennessee. Le explicó que contaba con un gran futuro, aunque su técnica necesitaba ser pulida y urgía enseñarle a ocupar los brazos. Wyomia aceptó.

A los 16 años se mudó a Nashville, donde se practicaba de forma extenuante, en tres sesiones diarias, para averiguar sin demora quién destacaría. Al cabo de unas semanas, Tyus aseguró a su madre que no podía con esa exigencia, que le dolían los músculos, que la sacara de ahí. La respuesta fue prohibirle darse por vencida.

Tres años más tarde, Wyomia conquistaba los 100 metros en Tokio 1964 con récord mundial. Otros cuatro y se transformaba en la primera persona en refrendar la corona en esa prueba.

Buscando a papá en el *sprint*, pisando con cada zancada los prejuicios por ser mujer y negra, sólo con la velocidad volvía al paraíso de la granja de su infancia.

3 oros y 1 plata entre Tokio 1964 y México 1968 • Primer atleta en refrendar el título olímpico en 100 metros • Mejoró 5 veces el récord mundial en 100 metros

ROBERT BEAMON

EL SALTO DEL SIGLO

 Nació el 29 de agosto de 1946

No había otro lenguaje en el barrio neoyorkino de South Jamaica que el de la violencia. No había otra forma de destacar que compitiendo por ser malo. No había mayor ambición para un chico de familia rota, como Bob, que integrarse a una de las pandillas.

Fallecida su madre de tuberculosis antes de que él cumpliera un año, con su padre recién liberado de la cárcel y golpeándolo al beber alcohol, con su hermano padeciendo una discapacidad mental, con cereal de caja como único alimento, Bob iba a la escuela a todo menos a estudiar; de hecho, llegaría a los siete años sin leer ni escribir.

Peleaba y definía estrategias de guerra, robaba y vendía drogas, sería expulsado del colegio por pegarle a un maestro.

Si en 1960 alguien hubiese dicho en la corte juvenil en la que comparecía, que ese maleante se convertiría en el atleta más admirado del mundo, nadie lo habría creído.

El basquetbol, que jugaba espectacularmente, lo salvó de terminar acuchillado como varios muchachos de la cuadra. Gracias a sus canastas obtuvo el respeto que buscaba con la agresividad y descubrió valores como la disciplina.

Cuando fueron vistas sus habilidades en la duela, lo invitaron al equipo de salto, mas no se decidió hasta que Ralph Boston, oro en Roma 1960, visitó su escuela. Entonces sí, se esforzó en el deporte como sólo lo había efectuado para quebrar leyes.

A los 16 años necesitaba viajar a su primer torneo, en esa Manhattan que quedaba a 20 kilómetros, pero lejísimos en posibilidades. El otrora criminal recorrió casa por casa pidiendo dinero para el pasaje. Con calzado prestado, fue campeón.

Eso atrajo reflectores y una beca estudiantil, aunque por mucho que atendía al entrenador, no dominaba la técnica convencional de salto. Resignado, su preparador le propuso perfeccionar su propio estilo sin imaginar que, en esa especie de pedaleo aéreo, se cocinaba el salto del siglo.

En México 1968 se mantuvo en el aire por lo que lució como la eternidad. Al caer estalló un caos. Por 20 minutos no se confirmaba su registro ya que había superado las cintas de medición. Luego, en la incertidumbre, Bob no entendía la cifra en metros habituado a calcular en pies y pulgadas. Ralph Boston, quien lo inspirara a ese camino y ese día era su rival, le gritó emocionado que acababa de triturar el récord por más de medio metro.

Bob Beamon se desvaneció en la pista. En las lágrimas derramadas sobre la mexicana Ciudad Universitaria, se encimaban recuerdos de abusos y sangre, cuando en el barrio de South Jamaica pensaba que el único lenguaje era el de la violencia.

Oro en salto de longitud en México 1968 · Rompió el récord mundial por 55 centímetros, algo irrepetible · No volvió a competir en Olímpicos

SAWAO KATO

ELEGANCIA Y CÁLCULO

 Nació el 11 de octubre de 1946

Eran pocas las noches en que los hermanos Kato estaban despiertos cuando su padre volvía. Lo mismo, a la mañana siguiente, todavía dormían cuando ese estricto ingeniero de trenes ya se había ido de nuevo a trabajar.

En el puerto de Niigata la reconstrucción no podía esperar. Su ubicación, 350 kilómetros al oeste de Tokio, lo había convertido en blanco de los bombardeos estadounidenses durante la reciente Segunda Guerra Mundial. De hecho, 14 meses antes del nacimiento de Sawao, el clima impidió que la segunda bomba atómica se arrojara en Niigata, detonándose entonces en otro punto costero, Nagasaki.

Los Kato observaban ceremonialmente a su padre mientras realizaba mediciones, calculaba riesgos, trazaba vías, y concluían: el éxito sólo es factible considerando cada posibilidad de fracaso.

Entre esos cinco niños, el bajito y debilucho Sawao, el que devoraba pasta *udon* con pollo, era el menos apto para el deporte. Se aventuraba a esquiar en invierno y a nadar en verano, pero su verdadera pasión estaba en el beisbol de cuyo equipo lo sacó su hermano mayor, renuente a jugar con alguien tan pequeño.

Eso le obligó a encontrar otra actividad a los 13 años, justo cuando comenzó la búsqueda de promesas atléticas de cara a los Olímpicos que Tokio recibiría en 1964. Un entrenador, al notar su diminuto cuerpo y descubrir su elasticidad, probó a Sawao en gimnasia aseverándole, sin tacto, que no le veía talento.

Lo que ese preparador no sabía era que el muchachito llevaría la filosofía de casa a todo movimiento: si los demás entrenan concentrados en repetir la perfección, Sawao lo haría pensando en sobreponerse a cada específico error... como esas vías que su padre delineaba contra toda amenaza.

Teoría fortalecida en el terremoto que sacudió a Niigata en 1964. Al contemplar que el puente Showa había colapsado bajo el río Shinano, Sawao confirmó su método para encarar las barras paralelas, el caballo, el suelo: mayor atención a los imponderables, prepararse para continuar la rutina si se suelta una mano o choca un pie, si se presenta una lesión o falta elevación, que nada manchara esa elegancia que lo identificaría.

Junto con su hermano Takeshi fue seleccionado para los Olímpicos de México 1968 y, para sorpresa general, inició un camino que lo consagraría como el gimnasta con más oros de la historia.

Al compartir dos podios olímpicos, los hermanos Kato correspondieron a quienes, como su papá, reconstruyeron Japón. Nada hubiese sido sin la minuciosa y exhaustiva atención a cada pormenor.

8 oros olímpicos en gimnasia varonil (récord) ⬦ 12 medallas entre México 1968, Múnich 1972 y Montreal 1976 ⬦ Elegido atleta del siglo xx en Japón

RICHARD FOSBURY

A SU MANERA

 Nació el 6 de marzo de 1947

A primera vista, todos los entrenadores del colegio Medford en Oregón deseaban tener en su equipo a Dick. Ser el más alto y respetuoso generaba expectativas. A segunda vista comprobaban que su estatura y educación no bastaban para destacar. En baloncesto, futbol americano, pruebas de velocidad, fue cortado.

Eso lo llevó a una disciplina en la que, sin gran capacidad, lo admitieron: el salto de altura. Ante esa nueva motivación, su padre colocó en casa una varilla y una fosa de aserrín para incentivarlo a que practicara, insistiéndole que debía corregir su técnica. Sin frustrarse, Dick apenas mejoró.

Molestado en la escuela por su escaso progreso, un compañero lo retó a saltar una silla. Al larguirucho Dick no le quedó más que aceptar y, en el fallido intento, se rompió la mano.

Al contemplar su semblante sereno, nadie imaginaba lo que sucedía en el interior de una criatura que vivía su tragedia en el más profundo silencio y con el mayor disimulo.

Cuando tenía 14 años y paseaba en bicicleta con su hermano Greg, un coche conducido por una persona en estado de ebriedad los atropelló. Dick se levantó con pequeñas heridas, pero Greg falleció. Por eso, el saltador no pensaba en Olímpicos ni en grandeza. A él le bastaba con mantenerse en ese equipo en el que su mente hallaba cierta paz; más aun, cuando al año de la pérdida de su hermano sus padres se divorciaron.

Desvanecida su realidad, el colmo fue que por esos días sus entrenadores le explicaran que la técnica de salto de tijera (consistente en llegar de frente y cruzar las piernas en lo alto) había caducado. La nueva moda era el llamado rodillo, con un giro al tomar altura.

Resignado a que no podía ni en una ni en otra, concluyó que, si él no se adaptaba al salto, el salto se adaptaría a él. Tras numerosos experimentos, a los 16 años desarrolló una técnica que escandalizaba a los entrenadores. Le repitieron que estaba equivocado, que quién se creía para cambiar las normas.

Siempre callado, sin que nadie entendiera lo que pasaba por su cabeza, Fosbury se aferró a sus instintos y, de a poco, comenzó una mejora de marcas a la que nadie daba crédito. ¿Cómo convertir a alguien mediocre en un personaje destacado? Permitiéndole ser sí mismo, clamaba Dick sin palabras y con su salto de espaldas.

Así calificó a los Olímpicos de México 1968. Así hizo estallar la ovación del Estadio Universitario al librar la barrera y conquistar el oro. Así consumó la más sigilosa revolución del deporte.

En los Olímpicos de Múnich 1972, dos terceras partes de los participantes ya saltaban como Dick.

Medalla de oro en México 1968 ‣ **Creador de la técnica** *Fosbury Flop*
‣ **Cambió el salto de altura para siempre**

KLAUS DIBIASI

L'ANGELO BIONDO

 Nació el 6 de octubre de 1947

Una oferta irresistible. Cuando alguien prometió a Klaus 100 rebanadas de *apfelstrudel* (pastel de manzana) a cambio de que se lanzara de la plataforma de 10 metros, el niño recién llegado desde el otro lado de la frontera con Austria, aceptó.

Por mucho que los Dibiasi ya estuvieran de vuelta en Italia, la apuesta involucró *strudels*, postre tradicional austriaco, y no algo más italiano como pedazos de pizza. Y es que, en ese extremo norte del país, en el llamado *Südtirol*, la rutina siempre ha sido mixta: entre idioma italiano y alemán, entre la tierra italiana y la austriaca.

Su padre se había instalado en Solbad Hall, 45 kilómetros ya dentro de Austria, luego de que a fines de los años treinta lo escucharan hablando en alemán y lo acusaran de antipatriótico. Tiempos en los que el régimen fascista de Mussolini pretendía borrar todo rasgo de diferencia en el pueblo italiano y abolir toda palabra que sonara extranjera, que todos fueran iguales. Así que Carlo Dibiasi (o Karl), olímpico en clavados en Berlín 1936, decidió que no iba a sacrificar una de las mitades de esa cultura tirolesa y se marchó, empleándose cerca de Innsbruck como director de una piscina.

Por ello nació en Austria ese muchacho que haría ondear la bandera italiana en cuatro Olímpicos. Por ello el mejor clavadista del mundo vino desde los nevados Alpes, el punto más lejano al mar en la muy costera geografía italiana. Por ello, el nombre Klaus y no Nicola o Alessandro. Y por ello regresó a casa, porque quería que, como antes él, su hijo representara a la Italia que las absurdas imposiciones de Mussolini lo obligaron a abandonar.

En su nueva ciudad, en Bolzano, no había alberca techada, gran limitante en un sitio de crudos inviernos. Carlo aprendió a entrenarlo medio año tirándose a la piscina (150 ejecuciones por día) y el resto puliéndolo en un gimnasio, así fue ideando al clavadista que adelantaría el futuro (Giorgio Cagnotto, también multimedallista y su principal rival, diría: "Klaus ha cambiado este deporte, como los Beatles han cambiado la música"). Por ejemplo, crearon la técnica de entrar a la superficie moviendo las muñecas para extraer menos agua y consumar clavados más limpios.

A los 17 años calificó a Tokio 1964 y su papá se registró como atleta para dormir con él en la Villa Olímpica. Ahí obtuvo su primera plata, mas Carlo dejó un aviso a la prensa: ese adolescente al que ya apodaban *L'Angelo Biondo* (ángel rubio), por su pureza al volar desde la plataforma, sería oro en los siguientes dos Olímpicos. Se quedó corto. Su hijo lo logró en los siguientes tres.

3 oros y 2 platas entre Tokio 1964 y Montreal 1976
· Único clavadista con 3 oros consecutivos en la misma prueba
· En Montreal 1976 venció a su sucesor, Greg Louganis

LASSE VIRÉN

TORMENTA DE LAS PISTAS

 Nació el 22 de julio de 1949

La venta de limonada no bastaba para el sustento de los Virén. Por ello, su padre, Ilmari, salía de cacería con sus cuatro hijos en la aldea rural de Myrskyla (traducible del finés como "sitio de tormentas").

Cierto día, cuando Lasse tenía 10 años, un ternero se le escapó. Entonces el niño lo persiguió hasta que la presa cayó agotada. Por la noche, sus pies mostraban ampollas, pero su mente había probado poder más que los dolores.

Ya en la adolescencia, Lasse corría incluso durante los seis meses del año en que las calles se tapizaban de nieve, mas no pensaba en dedicarse al deporte. En cuanto su familia cambió el negocio de las limonadas por el transporte de maderas, aprendió a conducir enormes camiones, asumiendo que ése era su destino.

A los 18 años, mientras cumplía su servicio militar, confirmó que su resistencia física resultaba muy superior a la del resto. Una capacidad cardiaca excepcional, a la que se añadía su determinación para llevar al límite cuanto emprendiera.

Al regresar a casa buscó un trabajo que le permitiera entrenar dos sesiones diarias y concluyó que acaso como agente policial sería posible. A las seis de la mañana corría, después se reportaba puntual al cuartel y en la noche retornaba al bosque. Los lugareños se sorprendían de hallarlo siempre a la intemperie: cuando se desplazaban temprano o volvían tarde de sus empleos, cuando sucedía algún siniestro y aparecía la patrulla con Lasse tan fresco.

En 1970 se dirigió al preparador Rolf Haikkola, explicándole que soñaba con ser el nuevo Paavo Nurmi. Rolf respondió que ya estaba retirado y que Nurmi sólo existiría uno. Ante la insistencia del joven, aceptó verlo en acción y, estupefacto por su potencial, reconsideró: dejaría la jubilación para entrenarlo.

Fiel a practicar entre árboles, modificando su ritmo según las raíces a su paso, Lasse Virén acumularía más de 3 mil kilómetros por año, con énfasis en campamentos de altura. Digno hijo de Myrskyla, la tormenta convertida en fondista.

Llegó a Múnich 1972 como un anónimo y, al cabo de una semana, ya era el atleta más célebre del mundo. Sobre todo, por la manera en que ganó los 10 mil metros: al tropezar con un rival, se distanció del pelotón no menos de 30 metros. Como si persiguiera al ternero de su infancia, Lasse acechó hasta coronarse, episodio catalogado como la mayor remontada de la historia.

Entre sus cuatro oros olímpicos, una frustración: el día en que finalmente conocería a Nurmi, recibió un telefonazo que le informaba sobre la muerte de su ídolo e inspiración.

Oro en 5 mil y 10 mil metros en Múnich 1972 · Oro en 5 mil y 10 mil metros en Montreal 1976 · Mejoró los récords mundiales en 5 mil y 10 mil metros

MARK SPITZ

BIGOTE REY DE LA PISCINA

 Nació el 10 de febrero de 1950

El morado quedaría prohibido en su vida. A los nueve años, Mark finalizó una carrera en quinto sitio y recibió como premio un listón de ese color. Lo guardó para recordar cuánto le molestaba la derrota, como obligación de ser el mejor.

Arnold, su papá, veterano de la Segunda Guerra Mundial y descendiente de judíos húngaros, le había inculcado una frase: "Nadar no es lo único. Ganar, sí". Cuando Mark se resistía a madrugar o se quejaba del frío, lo escuchaba relatar momentos en el frente de batalla con, evidentemente, peores condiciones. Padre e hijo desarrollarían una relación al límite, de exigencia permanente, de no conformidad, en la que la presión se desbordaba: nada era suficiente para los Spitz.

Su pasión por las aguas inició cuando Arnold asumió un puesto laboral en Hawái. Con dos años, Mark corría con tal furor hacia las olas de la playa Waikiki que su madre repetía que le veía vocación suicida. Para evitar tragedias, pronto le enseñaron a dar brazadas.

Cuatro años después, al regresar a California, no le encontraron un equipo de beisbol como deseaba, así que, ante su aburrimiento en vacaciones, comenzó a nadar en piscina, sin entender de ensayos: siempre iba por lo máximo.

Al paso del tiempo, para que el muchacho hallara manera de entrenar cada vez más, se ejecutaron varias maniobras. Por un lado, Arnold convenció al rabino de que le instruyera en hebreo y religión en un horario que no obstruyera con el nado ("Hasta a Dios le gustan los campeones", fue su argumento). Por otro, conducían 100 kilómetros por tarde para que Mark accediera a una preparación superior; eso cambió cuando necesitó dos sesiones diarias y la familia entera se mudó, ahora siendo el padre quien manejaba amplias distancias hasta su trabajo.

Tras conquistar sus primeras competencias internacionales en 1965, en los Juegos Macabeos que incluyen a los mejores atletas judíos, volvió centrado en los Olímpicos de México 1968. Entonces empezó a coincidir en las prácticas con Don Schollander, multimedallista en Tokio 1964, a quien el adolescente no paraba de analizar: su patada, su entrada, sus giros. Cuando todos se marchaban a descansar, el autocrítico Mark replicaba esos movimientos que lo harían más veloz. Para la incredulidad de Schollander, en 1967 su espía-aprendiz lo venció.

La gloria de Spitz llegó en Múnich 1972, con siete oros que pudieron ser seis. Al no ser favorito en 100 metros libres, le sugirieron no manchar su récord. Más motivado todavía, el nadador de los bigotes se coronó apegado a la frase de papá. Prohibido el morado, sólo ganar.

9 oros, 1 plata y 1 bronce entre México 1968 y Múnich 1972 • Su récord de 7 oros en Múnich 1972 fue roto por Phelps en 2008 • Más de 30 récords mundiales

ALBERTO JUANTORENA

EL CABALLO DE LA REVOLUCIÓN

 Nació el 3 de diciembre de 1950

Un gigante desamparado, en lágrimas, con la mirada perdida.

Todo con lo que Alberto soñó desde la cuna se desvanecía intempestivamente. A los 21 años, cuando recién se había coronado campeón nacional de baloncesto, lo echaron del equipo cubano de ese deporte.

El muchacho estaba consciente de que su disparo a canasta y capacidad con la pelota eran limitados. Sin embargo, asumía que su estatura superior al 1.90 y su gran rapidez bastaban para continuar en esa disciplina para la que fue seleccionado desde los 13 años. No más ese basquetbol por el que salió de Santiago, en el oriente de la isla, y con el que anhelaba escuchar el himno de Cuba en un podio olímpico.

Como si hiciera falta añadir dolor a esa herida, al darlo de baja le dijeron que se olvidara de cambiarse de deporte, que ya era viejo para iniciar otro camino, que le sugerían inscribirse en el servicio militar o, de plano, irse a cortar caña en el campo.

Todavía con el estómago regurgitando y engarrotado por la frustración, se cruzó a donde se entrenaban los atletas. Cuando lo rechazaban por segunda ocasión en un día, reiterándole que cómo pretendía comenzar a esa edad, el preparador polaco Zygmunt Zabierzowski alzó la mano para interrumpir el revuelo. Sin pronunciar palabra le levantó la camisa y revisó su cuerpo como si fuese un curandero, para clamar en su escueto español: "pierna larga, cadera buena, aquí se queda".

Muestra de lo poco que necesitaba ser pulida su técnica, del don natural que tenía para la pista, un año después ya era olímpico en Múnich 1972, vistiendo los colores de su corazón.

Alberto nació en una familia tan comprometida con la Revolución, que su padre llegó a estar preso por su activismo contra la dictadura de Fulgencio Batista, cuyo derrocamiento por Fidel Castro implicó la libertad para todos los Juantorena que se le habían opuesto.

Impregnado de valores comunistas, cuando de niño descubrió a un vecino descalzo le obsequió el par de zapatos que le sobraba. Por ello su ilusión de hacer ondear la bandera cubana en lo más alto y engrandecer a ese Fidel que, luego le contaría en privado, corrió los 800 metros en su infancia.

Alberto sólo debía haber competido en los 400 metros en Montreal 1976. De última hora, Zygmunt lo convenció de que también podría triunfar en los 800. ¡¿400 y 800?! Dos pruebas tan incompatibles que nadie las había ganado en la misma edición olímpica.

Ese gigante, que ya tenía un pie en el ejército o como campesino, logró lo impensable: oro en ambas, hito aún no igualado, con todo y récord mundial.

Oro en 400 y 800 metros en Montreal 1976 · 2 oros y 1 bronce en el Mundial 1977 · Atleta del año en 1976 y 1977

NIKOLÁI YEFÍMOVICH ANDRIÁNOV

AL ORO CON SU MENTOR

 Nació el 14 de octubre de 1952 · Murió 21 de marzo de 2011

Con 12 años, esos aprendices de criminales sabían fumar mejor que leer. Recostados junto al río Kliazma, en la ciudad rusa de Vladimir, descansaban de sus riñas callejeras y planeaban fechorías.

Cierto día uno de los muchachos efectuó una acrobacia. Viendo el interés de sus compinches, los llevó al sitio en el que se la habían enseñado. Todos se inscribieron, incluido Nikolái Andriánov, rubio flacucho al que se referían por el diminutivo Kolya.

Los recibió un veterano de la Segunda Guerra Mundial que, por estar recién llegado de la localidad siberiana de Omsk, dormía en un cuartito del gimnasio, con su cama entre utilería e implementos deportivos. Entrenador llamado Nikolái Tolkáchev, tocayo del único integrante del grupo que atrapó su atención.

Tras un mes desertaron, imposible disciplinar a quienes ni siquiera iban con frecuencia al instituto. Tolkáchev, convencido de que Kolya era especial, sufrió para ubicarlo en los baldíos más escondidos, aunque más para animarlo a regresar.

Al cabo de unas tardes entrenándolo, al ganarse su confianza, entendió que se la vivía fuera de casa por no tener quién lo cuidara; su mamá trabajaba sin parar en una planta química, su papá había fallecido tiempo atrás. Conforme el niño se lo permitió, empezó a ayudarle con la tarea escolar, lo acompa-

ñó al médico cuando enfermó, acudió a una reunión de padres en su colegio como si se tratara de su hijo. Una vez instalado en un pequeño apartamento con su esposa, habló con la madre de Kolya para que lo dejara mudarse con los Tolkáchev.

Los dos Nikolái, profesor y alumno, preparador y atleta, entrenador y entrenado, revolucionarían la gimnasia en apenas seis años.

Despertaban antes de las cinco de la mañana, realizaban la práctica matutina, Kolya iba a clases, se reencontraban en el gimnasio y todavía debatían ideas en la cena. Japón era por entonces la mayor potencia en gimnasia varonil, por lo que analizaban el programa del país asiático para superarlo.

Kolya Andriánov desarrolló un colosal poderío, a lo que agregó la valentía para ejecutar hazañas sin precedentes, como la triple mortal en la rutina de aros.

En 1969, Tolkáchev anotó en un cuaderno, "Plan olímpico 1972". Tres años después, las autoridades soviéticas se arrepentían de haber ninguneado ese proyecto por venir de la provincial Vladimir: Nikolái Yefímovich Andriánov era el mejor en Múnich 1972, escalafón que mantendría hasta Moscú 1980.

El Kolya sin futuro que fumaba ante el río Kliazma había hallado en la gimnasia no sólo la salida a la criminalidad. También, lo más cercano que jamás tuvo a un papá.

7 oros, 5 platas y 3 bronces entre Múnich 1972 y Moscú 1980 ◆ Tercer máximo medallista olímpico ◆ Recibió la Orden de Lenin, máxima condecoración en la URSS

OLGA VALENTÍNOVNA KÓRBUT

LA REVOLUCIÓN BIELORRUSA

 Nació el 16 de mayo de 1955

Siendo la menor de cuatro hermanas, para Olga era imposible acaparar la atención. Fuera en actividades deportivas o artísticas, escolares o de juego, la chica llamada por el diminutivo Olya comprendió que lo suyo no estaba en copiar sino en ser diferente.

Asunto difícil en una gris ciudad de Bielorrusia, esquinada entre la frontera con Polonia y Lituania, donde no había más futuro que casarse y emplearse en la procesadora de tabaco.

Sus padres coincidían tanto en el nombre (Valentín y Valentina), como en lo ocupados que vivían trabajando. Por ello, las cuatro Kórbut se criaron casi solas, las mayores cuidando a las pequeñas, en un cuarto de 20 m² para toda la familia (su mamá se enteraría de que la menor era gimnasta cuando ya competía por la corona soviética).

Olya quedaría marcada por una visita al circo. Desde entonces se le vería columpiándose sobre farolas y escalando por doquier, lo que le generó azotones y regaños –como cuando, al ir por una botella de leche, la derramó por ensayar acrobacias.

Cierto día, preguntaron en el colegio que quién deseaba practicar gimnasia. Al parecerle similar al circo, Olga brincó emocionada, pero no la admitieron por considerarla llenita.

Ya con ocho años, la medallista en Tokio 1964, Yelena Volchetskaya, detectó su desparpajo y la integró a su equipo.

Tiempo después, regresaron por ella quienes antes la habían rechazado y, al entrenarla, descubrieron su muy particular carácter. Era berrinchuda y explosiva, desafiaba a la autoridad en una URSS donde lo común era bajar la cabeza. Rasgos suficientes para echarla si no hubiese sido por dos factores: su elasticidad y, sobre todo, ese afán de ir contra lo establecido.

Justo lo que su entrenador buscaba: alguien que se atreviera a revolucionar la gimnasia, a elevarla a otra dimensión. Y para lo distinto, nadie más dispuesto que Olya.

Kórbut pensó que dominaría esos movimientos, jamás hechos, al cabo de decenas de repeticiones. Luego comprobaría que, de tan sofisticados, no bastarían centenas ni miles de intentos. Cuando no estaba volando en sus rutinas, era porque lloraba por la frustración de un error o se recuperaba de los golpes por la enésima caída.

A los 17 años, con dos coletas infantiles como peinado y una enorme sonrisa, transformaría la gimnasia en un deporte mucho más audaz. En Múnich 1972 puso en escena el denominado y nunca imaginado "Kórbut Flip". Fiel a su estilo, reinó desde la originalidad.

4 oros y 2 platas entre Múnich 1972 y Montreal 1976 • Cambió para siempre la gimnasia • La primera inducida al Salón de la Fama de la Gimnasia

MARITA KOCH

LOS 400 METROS IMPOSIBLES

 Nació el 18 de febrero de 1957

Si el lápiz con el que se separaba en el mapa a las dos Alemanias no hubiera hecho esa extraña curva hacia la derecha, la historia del poblado de Wismar habría sido distinta.

Marita nacería en ese puerto del Báltico, en el régimen comunista de la República Democrática Alemana (RDA) y a unos metros de la frontera con el capitalismo. Circunstancias incomprensibles como las que, más adelante, la llevaron al atletismo.

Porque los expertos de la RDA la descartaron por considerarla demasiado flaca y pensar que sus piernas no alargarían lo suficiente, porque ella misma no quería interrumpir sus estudios de medicina, porque en su casa se entendía el deporte como algo no prioritario.

Su padre fue futbolista mientras se lo permitió su oficio como tapicero y su madre se entregó a pruebas de pista hasta que encontró un empleo como vendedora. Por todo ello, si un día esa chica de ojos azules no deseaba correr, nadie la motivaba.

Desde los 12 años, cuando la rechazó el sistema atlético germano oriental, fue entrenada por el único preparador que creyó en ella: Wolfgang, un ingeniero naval que en sus ratos libres imponía rutinas de ejercicio. Lejos de miradas e intromisiones, ese constructor de barcos la transformó en su más sofisticada nave: cuidando cada detalle de popa a proa, apegado a sus planos y cálculos, diseñando una zancada contra olas y tormentas.

Sus sesiones se hicieron brutales. Con una llanta amarrada al cuerpo y focos que se encendían si se movía por debajo de lo exigido, con intervalos y acelerones que llevaban a Marita a desvanecerse, con enésimas repeticiones y el hueco grito de "puedes más".

Por no perder clases, Marita iba a renunciar al torneo juvenil europeo en Atenas en 1975. Sin embargo, conocer el extranjero era una oportunidad irrechazable para la ciudadana de un país del que se prohibía salir. Nada más por eso, y no por medallas, la carrera de Koch adquirió seriedad.

Sus inmediatos triunfos propiciaron que la Stasi, aparato de espionaje de la Alemania Oriental, se adueñara de su rutina. Para probar su lealtad, la joven debió cortar contacto con sus familiares que habían quedado al otro lado, en la otra Alemania. Si en la pista pertenecía desde la adolescencia a Wolfgang, en la vida pertenecería ya al Estado.

Cuando en 1985 corrió los 400 metros en 47.60 segundos, quiso verse como ejemplo de la supremacía de un sistema que estaba por desplomarse. Hoy las sospechas perduran: acaso sólo el dopaje, politizado como nunca en esa RDA en la que nació por culpa de una extraña curva en el mapa, hizo posible consumar ese récord para la eternidad.

Desde 1985 posee el récord mundial en 400 metros (47.60 segundos) · Oro en 400 metros y plata en 4×400 en Moscú 1980 · Rompió 16 récords mundiales

FLORENCE GRIFFITH JOYNER

RELÁMPAGO DE GLAMUR

 Nació el 21 de diciembre de 1959 · Murió el 21 de septiembre de 1998

"¿Qué quieren ser de grandes?", preguntó la maestra. La niña al frente respondió que médico, otro más atrás que basquetbolista, alguno al costado que cantante.

Cuando tocó turno a Florence Delorez, su respuesta fue diferente: "¡Todo! ¡Quiero serlo todo!" Ante el murmullo burlón del salón, detalló con voz baja: "De grande quiero ser deportista, y modelo, y diseñadora de ropa, y artista, y estilista". Tanto se rieron de ella que se marchó del colegio llorando.

Dee Dee, como llamaban en casa a la séptima de 11 hijos, disfrutaba ser diferente. Mezclaba calcetines distintos, su mascota era una larguísima serpiente, cosía extraños vestidos para sus muñecas y, en sus ratos libres, pintaba las uñas de quien se lo permitiera.

Con esos peinados estrafalarios, Florence intentaba compensar la timidez e inseguridad surgidas cuando, a los cuatro años, sus padres se divorciaron y se mudó 200 kilómetros hacia el sur. Desde el solitario desierto de Mojave hasta la ruidosa Los Ángeles. En la ciudad, instalados los Griffith en un barrio de alta criminalidad y con tal pobreza como para comer avena tres veces al día, las reglas de mamá se hicieron más estrictas. Disciplina como escudo contra vicios.

Años después, al visitar a su padre en el desierto, se propuso atrapar a una liebre y, para incredulidad de sus hermanos, lo consiguió.

Ese día al fin creyeron las promesas de Dee Dee de ser olímpica; ese día asumieron que el atletismo al que sólo había llegado por ser el único deporte gratuito, la vería triunfar.

A los 18 años, cuando la mayoría de los aspirantes a medalla ya están en la élite, Dee Dee dejó las pistas. La necesidad en casa apremiaba y ya estaba en edad de contribuir a los gastos. Por más de un año fue cajera en un banco desde el que veía diluirse uno de sus sueños. Continuaba diseñando singulares prendas y tiñendo coloridas cabelleras a sus vecinas, lo del atletismo se alejaba.

Entonces el entrenador Bob Kersee la invitó a prepararse rumbo a Los Ángeles 1984. Se metió al gimnasio como pocas velocistas antes que ella, trabajó sin parar en su técnica, aceptó que sólo modificando su lenta salida competiría, halló en la frustración el camino para crecer.

En Los Ángeles, a donde llegó sin atreverse a hablar, conquistó una plata que apenas festejó. No se conformaría hasta obtener lo máximo. En Seúl 1988, bañada en tres oros, ya era la mujer más rápida de la historia.

Original e irrepetible, corrió vistiendo sus diseños y con las uñas más inolvidables. Como aseguró a su maestra, de grande Florence fue todo.

Poseedora del récord mundial en 100 y 200 metros
3 oros y 1 plata en Seúl 1988 · 1 plata en Los Ángeles 1984

GREGORY EFTHIMIOS LOUGANIS

UN BAILARÍN EN VUELO

 Nació el 29 de enero de 1960

Difícil hallar una infancia más atormentada, el rechazo como norma: de sus padres biológicos y su papá adoptivo, de los niños con los que se relacionaba y los profesores que insinuaban que tenía un problema mental.

Cuanto Greg no podía decir con la boca, lo expresaría con el cuerpo. Si de hablar se trataba, el pequeño tartamudeaba, girando suplicante hacia su hermana para que cerrara sus oraciones. Peor aún al leer, con una dislexia no detectada. El chico se creía tonto y merecedor de los horribles insultos que recibía en el colegio, incluso las golpizas que disimulaba, por vergüenza, al regresar a casa con su mamá.

No obstante, al moverse se comunicaba pleno y armonioso. Con apenas año y medio, se convirtió en la sensación de las clases de danza de su hermana, bailando mejor que quienes llevaban años practicando. A los tres años ya era el solista en cada función, talento elevado al integrarse, además, a gimnasia. De ahí que en la escuela lo molestaran por su habla, su tez morena y llamándolo afeminado por bailar.

Producto de un embarazo adolescente no deseado, pasó sus primeros meses en un orfelinato. Antes de cumplir un año, fue adoptado por una familia griega en San Diego, con un padre autoritario, agresivo y alcohólico, que reprobaba su inclinación a actividades que no le parecían masculinas.

Sin embargo, su sueño de ser olímpico en gimnasia no lo sepultó el machismo de su papá, sino una malformación de rodillas. Despojado a los nueve años de lo único que le permitía subsistir a su silencioso sufrimiento, Greg tocó fondo. Bebía y fumaba a diario, consumía y vendía drogas en un afán de ser aceptado. Lo detuvo la policía.

Cuando ya no quería vivir, descubrió esos clavados en los que canalizaría tantísima rabia acumulada, tanto dolor y frustración. A los 11 años, el multimedallista Sammy Lee lo vio lanzarse y pronosticó que sería el clavadista más exitoso del mundo. Tiempo después volvió y, a la par de entrenarlo con máximo rigor, obligó al muchacho a dejar vicios, lo alojó en su casa, lo hizo luchar contra sus miedos, lo convenció de su valía como persona.

La esposa de Lee le obsequió un osito de peluche con la frase, "Llévame a los Olímpicos". Efectivamente, Greg calificó a Montreal 1976 y ganó su primera medalla. De apariencia tan risueña e inocente, nadie imaginaba lo que en 16 añitos había padecido.

Doce años más tarde, en Seúl 1988, se retiraba como el mejor de la historia. Ninguno más perfecto, dominante, cautivador. Ninguno más fuerte de espíritu: tras un brutal choque de su cabeza con la plataforma, se recuperó en horas para otro oro más.

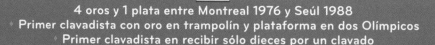

4 oros y 1 plata entre Montreal 1976 y Seúl 1988
Primer clavadista con oro en trampolín y plataforma en dos Olímpicos
Primer clavadista en recibir sólo dieces por un clavado

TORBEN SCHMIDT GRAEL

DINASTÍA DE TURBINAS

 Nació el 22 de julio de 1960

Cuando el ingeniero danés Preben Schmidt entró por la bahía de Guanabara, no podía imaginar que, por los siguientes 100 años, su familia viviría de ese mismo aire que tambaleaba su sombrero.

Todavía no emergía ante su mirada el monte conocido como Pão de Açúcar y ya tenía claro que, por mucho que su profesor Niels Bohr acababa de recibir el Premio Nobel de Física en Copenhague, se quedaría en ese paraíso que en 1924 descubriría embelesado.

Lo que no sabía ese amante de la navegación era que su descendencia estaría marcada por la vela: entre sus hijos, nietos y bisnietos, hasta seis competirían en Olímpicos, ganando ocho medallas. Sí, los Schmidt vivirían del aire: triunfarían por la maestría en su uso para desplazar una embarcación.

Al poco de instalarse en Niterói, ciudad vecina a Río de Janeiro, Preben adquirió una nave con profunda historia: nada menos que el *Aileen*, utilizado por el equipo sueco para obtener la plata en los Olímpicos de Estocolmo 1912.

En ese *Aileen* velearía su nieto Torben, por primera ocasión, a los cinco años. La adoración a la brisa, el dominio de los vientos, la estrategia básica, la inteligencia para improvisar, ahí adquirió sus primeras lecciones: Torben Grael convirtió el *Aileen* en su preescolar. Por entonces residía en São Paulo, esperando con ansiedad cada vacación para partir

en dos la bahía de Guanabara al lado del vikingo Preben.

En esa época, su libro favorito era la novela *El viejo y el mar* de Ernest Hemingway, quizá pensando en ese viejo Schmidt, su mentor, y la sede de su futura gloria, el mar.

Su evolución como velerista resultaba tan ilusionante que a los siete años su abuelo le hizo el obsequio que más agradecería el olimpismo brasileño: una embarcación de nombre *Hugin*. A bordo de ella nacería el exponente más completo que haya visto la vela. Ahí se plantarían las semillas de cinco medallas olímpicas.

Una década después del regalo, cuando Preben vivía sus últimos días, Torben conquistaba su primer campeonato mundial. A eso siguieron dos décadas –de Los Ángeles 1984 a Atenas 2004– en las que se colgaría cinco preseas olímpicas, cifra máxima conseguida por un velerista.

No obstante, jamás celebró como cuando le tocó estar como espectador. Aconteció en Río 2016 al lograr la medalla de oro su hija Martine. Desde la playa, Torben exhibía la sonrisa más orgullosa mientras la embarcación de su niña era cargada por masas eufóricas que se metieron al mar.

Sucedió, sí, en esa misma bahía de Guanabara que, incluso antes de mostrarle el Pão de Açúcar que la corona, atara para siempre a Preben Schmidt a Brasil.

2 oros, 1 plata y 2 bronces entre Los Ángeles 1984 y Atenas 2004
◆ 4 veces campeón del mundo entre 1978 y 1990
◆ Ganador de Louis Vuitton Cup y Ocean Race

CARLTON LEWIS

EL HIJO DEL VIENTO

 **Nació el 1 de julio de 1961**

El diálogo no duró demasiado, pero lo suficiente para que Carl, con 12 años, quedara marcado. El legendario Jesse Owens, a quien no dejaba de observar mientras posaban para una fotografía, le comentó dos cosas al enterarse de que practicaba salto de longitud. Notándolo tan bajito de estatura dijo: "Haz de ser un pequeño muy audaz"; y le dio un consejo: "Diviértete en tu carrera".

Como todos en su familia, Carl empezó en el deporte porque sus padres habían fundado una academia de atletismo en Nueva Jersey, el Willingboro Track Club. A diferencia de sus hermanos, ese niño tímido y llamado *Shorty* por lucir tan chaparrito, nunca ganaba competencias. Expertos en pedagogía, sus papás conocían el límite exacto para presionar, así que le plantearon que quizá lo suyo estaba en la música y no forzosamente en las pistas.

Cuando nadie lo veía, Carl añadió a los entrenamientos con su papá ejercicios ininterrumpidos hasta que caía la noche. Tenía que alistarse para el momento en que sus piernas alargaran. Sin que pudiera percibirse, en su corazón ardía la necesidad de ser campeón. Como si su cuerpo recibiese órdenes de ese fuego interior, a los 15 años comenzó a crecer a tal ritmo que debió usar muletas. No encontraba su postura, las articulaciones le punzaban, hubo meses en los que medía cinco centímetros más que el anterior.

El pequeñito audaz ya era un gigante de 1.88 metros. Como herencia de su trepidante estirón, las rodillas le molestaban cuando ya rompía récords colegiales y participaba en torneos nacionales. Para evitar el dolor, sus padres le ayudaron a modificar su manera de saltar, gestándose el saltador de longitud más dominante de la historia.

En Los Ángeles 1984 honró a Jesse Owens obteniendo sus mismos cuatro oros de Berlín 1936 y desató semejante efervescencia que ese año fue *drafteado* tanto por los Toros de Chicago de la NBA como por los Vaqueros de Dallas de la NFL (sin llegar a jugar con ninguno).

Bill, su padre y primer entrenador, quien lo formara desde la cuna como atleta y luego le sugiriera considerar un camino musical, lo convenció de no retirarse. En ese instante Carl pensaba que, igualado su ídolo Owens, ya había logrado todo en las pistas. Cómo explicarle que en los siguientes tres Olímpicos se mantendría hasta arriba.

Si Eolo, guardián de los vientos en la mitología griega, fue capaz de acercar la embarcación de Odiseo hacia el destino imposible de Ítaca, Carl, apodado *Hijo del Viento*, fue capaz de fundirse con el aire. Saltando y corriendo, ninguno como él.

9 oros y 1 plata entre Los Ángeles 1984 y Atlanta 1996
Primer atleta varonil en ganar más de un oro en 100 metros y salto longitud
65 victorias consecutivas en salto de longitud entre 1981 y 1991

NADIA ELENA COMĂNECI

EL DIEZ DE AFRODITA

 Nació el 12 de noviembre de 1961

El timbre del final del recreo sacó de su ensoñación a ese bigotón. Cuando reaccionó, una nube de niños corría y no quedaba rastro de la chica a la que descubrió haciendo ruedas de carro.

Béla Károlyi, entrenador que buscaba gimnastas, preguntó a su esposa si recordaba su rostro. Desolada, Marta respondió que no. Era el colmo. Habían esperado meses a que la burocracia comunista les autorizara su academia. Habían analizado en vano a más de 4 mil aspirantes. Habían visitado innumerables aldeas y, cuando al fin visualizaron ese diamante, se desvaneció.

Revisaron salón por salón, rogando a las alumnas que efectuaran ruedas de carro. Desilusionados, cerca de desistir, notaron que una melena castaña giraba en el aire: era Nadia, como el significado de su nombre en ruso revela, la esperanza.

Esperanza y supervivencia, nació con una inflamación en la cabeza que en el pueblo de Onesti, en los montes Cárpatos, no se sabía tratar; semanas después, cuando la acostaron en la cocina para soportar el frío diciembre, su papá la cargó minutos antes de que el granizo derribara el techo.

Esperanza y rebeldía. Amaba jugar futbol y recurría a los puños si los varones se lo impedían. Se columpiaba de árbol en árbol, lo mismo que saltando sobre su cama hasta romperla. Tropezaría al río desde un puente, milagrosamente sin lastimarse. Sus padres, Gheorghe y Stefania, no lograban controlarla. Por ello la inscribieron con cinco años en el equipo de gimnasia *Flacăra* (Fuego), donde Nadia renunció al futbol sólo porque le regalaban un chocolate al completar el ejercicio.

Ahí le enseñaron las ruedas de carro que embrujarían a Béla en el recreo. Todas las discípulas de los estrictos Károlyi lloraban por la exigencia, menos esa Nadia que con siete años realizaba siempre mucho más: el doble de abdominales, de rutinas en la barra, de esfuerzo. Empezó por acudir tres horas por tarde y llegó a pasar entrenando el día entero.

Al recibir su primer uniforme, sustituyó a su muñeca Petruta bajo la almohada. A partir de entonces dormiría abrazada a ese leotardo que le iba enorme: sus sueños ya eran los de la gimnasia. En su competencia debut se cayó. Desde ese momento elevó su concentración y a los nueve años brotó el resultado: la más joven en ser campeona rumana.

En Montreal 1976 ascendería a mejor de la historia, su deporte como nunca se imaginó, perfección de carne y hueso. La armonía y estética que caracterizan a Afrodita en la mitología griega, en una niña de 10 años que no pesaba ni 40 kilos.

Mirada profunda, sonrisa tímida, pies flotando, Nadia inventó un mundo nuevo.

---

5 oros, 3 platas y 1 bronce entre Montreal 1976 y Moscú 1980 • Primera gimnasta en lograr calificación perfecta en Olímpicos • Deportista del año en 1976

BIRGIT FISCHER

LA REINA DEL KAYAK

 Nació el 25 de febrero de 1962

Durante casi medio siglo, la Puerta de Brandemburgo simbolizó el punto de división no sólo entre las dos mitades de Berlín o las dos Alemanias, sino entre dos mundos: a un lado el capitalista, al otro el comunista.

Puerta que toma nombre del pueblo ubicado 60 kilómetros en esa precisa dirección: la localidad de Brandemburgo, donde seis meses después de la construcción del Muro que tiene en esa puerta berlinesa su clímax, nació la niña que uniría con oro a las dos Alemanias.

En una región bañada tanto por el lago Beetz como por el río Havel, atravesar aguas era una tradición para los Fischer. Así como de pequeño Karl-Heinz fue enseñado por sus mayores a remar, en cuanto fue padre hizo lo mismo con sus cuatro hijos.

Birgit, tercera en edad, era tan precisa en sus movimientos que a los seis años la sentaban en un cojín para que viera por encima del borde de esa barca y condujera su rumbo.

Sus hermanos también destacaban en piragüismo, aunque lo suyo ya llevaba un ritmo distinto desde antes de que ingresara al club deportivo BSG Stahl Brandenburg, operado por la empresa estatal de acero.

Karl-Heinz fue mucho más que su primer entrenador. Bajo su guía se iba definiendo en ella un carácter ambicioso, determinado, esforzado.

Incluso en el crudo invierno, cuando las calles se vaciaban y el Beetz se congelaba, Birgit insistía en buscar donde corriera el agua para practicar.

Muy rápido, como Birgit al cruzar el Beetz, su potencial fue detectado por el sistema deportivo de la Alemania Oriental a los 14 años y el club del ejército la reclutó.

Cuatro años más tarde, en Moscú 1980, era ya la piragüista más joven en ganar una medalla olímpica. Tras ese suceso pudo pensarse que todo concluía, dado que la República Democrática Alemana, como los demás países comunistas, boicotearía los Juegos de Los Ángeles 1984. Birgit inició estudios en Leyes, asumiendo que acaso lo del olimpismo hasta ahí había llegado.

No obstante, en Seúl 1988 elevó en tres medallas más su colección y, unificadas las dos Alemanias a partir de Barcelona 1992, continuó: cada cuatro años confirmaba su rol como la indiscutible mejor de la historia.

Retirada tras Sídney 2000, grababa un documental sobre el lago Beetz. Al palpar la vibración del remo en el agua, sintió que todavía podía competir. Regresó para reinar con 42 años en Atenas 2004.

Con las conquistas de esa chica nacida a seis meses de la construcción del Muro de Berlín, en un sitio de nombre tan simbólico como Brandemburgo, la nueva Alemania encontró la más dorada unión.

8 oros y 4 platas entre Moscú 1980 y Atenas 2004 • La más joven y la más veterana en ganar oro en piragüismo olímpico • 17 títulos mundiales con RDA (1978-1987) y 11 con la Alemania reunificada (1993-2005)

JACQUELINE JOYNER-KERSEE

PRIMERA DAMA DEL DEPORTE

  Nació el 3 de marzo de 1962

Hasta esa cocina en la que los Joyner dormían pegados al horno para soportar el helado invierno, llegaban estruendos de detonaciones de balas.

A cada noche, East St. Louis, localidad bañada por el río Misisipi, se convertía en territorio de guerra con diversas pandillas luchando sin tregua. Por ello la prohibición de que los niños asomaran a la ventana, por ello la exigencia de que regresaran a casa antes de que oscureciera, por ello el férreo control de sus padres sobre sus rutinas.

La segunda en edad había sido llamada en honor de quien era la primera dama estadounidense cuando nació, Jackie Kennedy, luego de que su abuela asegurara: "Esta bebita será primera dama en lo que se proponga".

Cierto día, Al, el hermano mayor, lloró jurando a Jackie que saldrían de eso, que trabajarían para dejar atrás ese clima de pobreza, privaciones y violencia.

Ante la amenaza que representaba tener a sus hijos en la calle, su madre había apostado todo a que se desarrollaran dentro del centro comunitario. Ahí, Jackie aprendió danza moderna con el anhelo de en el futuro bailar en una producción de Broadway, hasta que un anuncio de lecciones de atletismo capturó su atención.

A los 12 años, cuando ya era la mejor de su escuela en salto de longitud, baloncesto y voleibol, vio en la televisión un documental sobre Babe Didrikson, esa mujer que brillara en varios deportes, y la tomó como modelo.

Recibió numerosas ofertas de becas universitarias, pero prefirió la que le brindaba UCLA, en Los Ángeles, jugando basquetbol. Sólo detectar su potencial, el entrenador Bob Kersee puso un ultimátum a sus jefes: estaban frente a una oportunidad única; si no permitían que Jackie sustituyera las canastas por el heptatlón –evento que incluye carreras de velocidad y resistencia, lo mismo que saltos y lanzamientos– renunciaría y la prepararía en otro sitio. Así se iba a gestar la mejor heptatleta de todos los tiempos, condición que ni el asma ni las alergias (por ejemplo, al pasto, en el que solía desenvolverse) podrían obstruir.

En Los Ángeles 1984, tanto Al como Jackie cumplieron la promesa de esas lágrimas desbocadas como el caudal del vecino Misisipi: los dos conquistaron medalla. Sin embargo, para ella apenas era el principio. Tal como profetizó su abuela, Jackie Joyner sería la primera dama del deporte.

La humilde muchacha de East St. Louis alternaría récords en heptatlón y salto de longitud con grandes actuaciones en baloncesto. Precisamente como su espejo, Babe Didrikson, le enseñó que era posible.

3 oros, 1 plata y 2 bronces entre Los Ángeles 1984 y Atlanta 1996
Impuso récord mundial en salto de longitud
Posee las seis mejores marcas en la historia del heptatlón

SIR STEVE REDGRAVE

EL SEÑOR DE LOS REMOS

 Nació el 23 de marzo de 1962

Camino a la escuela, Steve perdía su mirada en el río Támesis, preguntándose si, como sus compañeros cuchicheaban, de verdad era tonto.

No importaban las veces que le insistieran sobre letras, ni los esfuerzos de su mamá y sus hermanas mayores para enseñarle, tampoco su dedicación, al llegar al colegio le costaba leer. Eso lo hizo tímido e inseguro.

Volvía a casa y de nuevo sus ojos cafés se sumergían en esas aguas que enlazaban, al cabo de 60 kilómetros, el poblado de Marlow con la capital Londres. Se sumergían como en la Segunda Guerra Mundial su padre en misiones submarinas. Se sumergían y regresaban a la realidad confusos.

A los 11 años, una maestra detectó la razón: ni tonto ni flojo, ese niño que por grandulón jugaba como portero, sólo era disléxico.

Por entonces no soñaba con ir a unos Olímpicos, sino con alzar la Copa FA con el club Chelsea. Del remo apenas sabía que era una actividad para chicos ricos del vecino Eton College y no para una familia de clase trabajadora, en la que podía ver lo difícil que era ganarse la vida. A cada vacación acompañaba a su padre a la construcción, confirmando que sin esfuerzo no hay comida.

Cuando cumplió 14 años, la dislexia ocasionó que no fuera inscrito en el curso de francés del instituto, priorizándose que dominara la lectura en inglés. Al término de la primera sesión, el profesor Francis le pidió junto con otros muchachos que se quedara en el aula. Steve creyó que serían regañados. Lejos de eso, les detalló que también era entrenador de remo y que, por el tamaño de sus manos, tenían futuro en ese deporte.

Aceptaron sin gran interés y, muy pronto, lo empezaron a disfrutar. En invierno cuando sentía que el agua se convertía en hielo sobre su nuca, en verano cuando el sol hacía extenuante cada movimiento, Steve ya no paró de remar. Cuando fue necesario comprar equipo costoso, su madre generó dinero adicional dando lecciones de manejo y consiguió que el muchacho continuara.

En su primera regata cayó al agua. Los espectadores que se rieron mejor debieron aprenderse su nombre. Lo mismo quienes años antes insinuaron que no era inteligente.

Se había gestado un remero no sólo poderosísimo con su 1.95 de estatura, sino con un don implacable para la estrategia.

El niño que veía el Támesis tratando de comprender por qué le saltaban las letras, halló en el agua su camino a la máxima gloria.

Tuvo problemas intestinales, después de diabetes, mas nada frenó su ascenso. El aspirante a carpintero, que pensó que el remo era para hijos de aristócratas, sería condecorado como *sir* por la reina.

Medalla de oro en 5 Olímpicos consecutivos: de Los Ángeles 1984 a Sídney 2000 · Único con 5 oros seguidos en deportes de resistencia · 9 veces campeón mundial, entre 1986 y 1999

ANA FIDELIA QUIROT MORET

LA TORMENTA DEL CARIBE

 **Nació el 23 de marzo de 1963**

A cuatro años del triunfo de la Revolución cubana, la orgullosa Esmérida dedicó el nombre de su segunda hija al líder Fidel Castro: Ana Fidelia la llamó y, estando el padre de la criatura lejos del todo, se apellidó como ella, Moret.

En el pueblo de Palma Soriano, en el extremo opuesto de esa isla respecto a La Habana, Fidelia viviría sus primeros años en una casa para niños sin recursos. Los ingresos de su madre como empleada doméstica y cortando caña de azúcar no bastaban.

Más tarde, de vuelta en ese hogar compartido con tías y primos, en esas paredes inundadas con cada tormenta tropical, Ana Fidelia fue apodada Pilli por traviesa. Ahí, donde cada quien elaboraba sus juguetes con lo que encontraba, solía ganar a quien osara enfrentarla: con la pelota de beisbol, a las carreras, nadando en el río Cauto.

Capacidad atlética que contrastaba con su rezago en los estudios, por lo que fue enviada a una escuela para alumnos con problemas de aprendizaje.

Fidelia deseaba ser basquetbolista como su hermana mayor, frustrándose por no crecer a su altura, a lo que se añadió el desarrollar cierto sobrepeso en la adolescencia. Era difícil entender cómo no recuperaba su delgadez pese a ser tan activa y cómo continuaba siendo tan rápida pese

al cambio en su complexión, aunque como recuerdo de esa etapa sólo quedaría otro apodo: "Gorda" le seguirían diciendo con cariño por siempre.

Un profesor se dio cuenta de que Fidelia era distraída mas no tenía problemas de aprendizaje y de que su potencial deportivo resultaba notable. Temas que se mezclaron, necesitando mostrar sus dotes como velocista para regresar a un instituto convencional. Corrió descalza en la prueba e igual venció con facilidad a varones mayores en edad y zancada.

Cuando iba a ser registrada para sus primeras competencias, pidió permiso a su madre para portar el Quirot de su papá, mismo que cambiaría a Quirós años después, al confirmar su correcta ortografía.

Así inició un camino de perseverancia. Por centésimas no calificó a Moscú 1980, sin saber que Cuba estaría ausente por boicot de los siguientes dos Olímpicos, en los que debió conquistar varias preseas.

Si en Barcelona 1992 compitió lesionada y apenas se colgó el bronce, la plata de Atlanta 1996 fue de un mérito superior: poco antes sufrió un accidente que estuvo cerca de costarle la vida, con quemaduras en casi la mitad del cuerpo.

Con Fidel Castro motivándola al pie de su cama en el hospital, la niña nombrada en su honor se recuperó. El oro negado en Olímpicos fue suyo imponiéndose a las adversidades.

Plata en Atlanta 1996 y bronce en Barcelona 1992 (800 metros) · Campeona mundial en 400, 800 y 4×400 metros en 1989 · Atleta del año de la IAAF en 1989

SERGUÉI BUBKA

ÍCARO CON GARROCHA

 Nació el 4 de diciembre de 1963

Los desgarradores gritos de Vasili impedían que se entendiera lo que acababa de suceder a su hermanito. Su madre, Valentina, salió corriendo para descubrir que Serguéi se estaba ahogando en el barril donde solía remojar la col. Casi un bebé, con apenas tres años, el pequeño de vivarachos ojos azules logró ser sacado y reanimado.

Ese episodio mostró su incomprensible agilidad para trepar a las alturas, pero, sobre todo, el peligro de sus travesuras. Al paso del tiempo caería de árboles en los que se columpiaba y estaría cerca de ser atropellado por su hábito de esconderse bajo autobuses.

Entrando a casa, Serguéi se paraba erguido y transformaba su comportamiento. Su padre, militar del ejército soviético, no permitía siquiera un ruido o desorden, sin imaginar cuánto hacía el niño lejos de su mirada.

Vivían en la ciudad ucraniana de Voroshilovgrad. Entre idénticos bloques de edificios y la humareda por las minas de carbón, Serguéi era el mejor en cada deporte. Deslumbraba al correr y brincar, lo mismo en natación y gimnasia, así como cuando jugó futbol inspirado por la coronación del club local Zorya o cuando en invierno gastaba su incontenible energía en hockey.

A los nueve años un amigo le platicó que con una garrocha era posible saltar sobre el río Luhan.

Serguéi decidió que ése sería su deporte, aunque al visitar al entrenador lo rechazaron: que volviera al cumplir mínimo 12 años.

Impaciente y ansioso por naturaleza, dedicó el tiempo de espera a trabajar. Tarde a tarde corría en *sprint* hasta una línea y fortalecía su cuerpo con ejercicios. Sin notarlo, la disciplina impuesta por su padre ya lo esculpía como atleta.

Cuando finalmente fue aceptado para practicar salto con garrocha, estaba más fuerte que los muchachos mayores. Bastaba con que lo corrigiera el entrenador, Vitali Petrov, para que Serguéi modificara. En cierta ocasión, le explicó que se acercaba mal al punto de salto. Todos se fueron a descansar terminada la sesión, sin saber que Serguéi se quedaría hasta perfeccionar el movimiento. Al otro día, estaba rectificado. Entre los 13 y los 14 años elevó en tres metros su mejor registro.

Justo cuando sus padres se divorciaban, Vitali fue traspasado a la ciudad de Donetsk y con él se mudó Serguéi. Seis años después, en 1984, no iba por su oro a los Olímpicos de Los Ángeles a causa del boicot soviético, pero sí consiguió su primera marca mundial.

Si en la mitología griega Ícaro desarrolló alas para volar, este dios ucraniano de los aires lo hizo con la pértiga: 35 veces mejoraría el récord. Tanto que, sin duda, hubiese podido brincar sobre el río Luhan.

Medallista de oro en Seúl 1988 • 35 veces mejoró el récord mundial • 6 títulos mundiales entre 1983 y 1997

ELISABETA OLENIUC-LIPA

REMOS NO DESEADOS

 Nació el 26 de octubre de 1964

No era el paraíso que le prometieron. Cuando Elisabeta empezó a remar en la presa Ramnicu Valcea, en el centro de Rumania, por ningún lado vio el clima apacible, de relajación, de adolescentes conviviendo risueños en bellos bosques bañados por aguas azules.

Contrario a eso, se topó con tres sesiones diarias de entrenamiento, con dolores en todo punto de su cuerpo, con una competencia feroz, con despertar suplicando por 10 minutos más de sueño, con vientos helados que le engarrotaban las manos.

A los 15 años había sido detectada jugando basquetbol en una pequeña localidad rural. Lo primero que atrapó la atención de la cazatalentos llegada desde Bucarest fue su estatura de 1.83. Después, la perfecta proporción de sus extremidades, su masa muscular, el ancho de su espalda. Invitada a un mundo idílico que sonaba a picnic en el campo, y escuchando que si se esforzaba estaría en Olímpicos tan pronto como en cinco años, Elisabeta aceptó probar con los remos.

Pese a que de entrada su madre se negó a que se instalara en la peligrosa capital del país, ella misma convencería más tarde a su hija menor de soportar las cargas de trabajo y no rendirse en aquel rudo inicio.

En el poblado de Siret, conformado por 190 casas y a un kilómetro de la frontera ucraniana, Elisabeta era llamada por el diminutivo Uta. A cada día caminaba nueve kilómetros entre ida y vuelta para estudiar en la aldea vecina, luego de que su padre se enemistara con el director del colegio. Así se forjó su resistencia física y, de paso, se integró a la cultura rumana, ya que en su tierra nada más se hablaba ruso y ucraniano.

En lo que Uta continuaba considerando regresarse a Siret, retomar la vida cuidando ganado y no tocar de nuevo una embarcación, fue la única remera seleccionada entre 50 candidatas. Todavía mantenía dudas y remaba con desazón, cuando comenzó una interminable racha de victorias juveniles: le agradara o no, siempre ganaba. Ahí comprendió que, más que a cierto deporte, su adoración era a ser campeona.

La mujer que la descubrió jugando baloncesto pudo haber mentido al describirle el gozo y la suavidad de la rutina que le ofrecía. No así, al predecir que Elisabeta acudiría a Olímpicos de inmediato.

En Los Ángeles 1984 conquistó su primer oro. Por los siguientes 20 años, se colgó al menos una medalla en cada edición olímpica. La niña que sólo veía en el río Siret la conexión entre ser a la vez ucraniana y rumana, se reveló en las aguas como la remera más exitosa de la historia.

5 oros, 2 platas y 1 bronce entre Los Ángeles 1984 y Atenas 2004 ◆ Medallas olímpicas en cuatro categorías ◆ La remera más laureada de la historia

MATTHEW BIONDI

EL CÓNDOR DE CALIFORNIA

 Nació el 8 de octubre de 1965

La historia puede remontarse a los años cincuenta, cuando un joven italoamericano, de nombre Nick Biondi, compartió habitación en la universidad con dos personajes que trascenderían en la gestión deportiva: Bill Walsh, quien conquistaría tres Super Bowls a cargo de los 49ers de San Francisco y Nort Thornton, quien sería un célebre entrenador de natación.

Años después, Nick llamaría a Nort para hacerle una consulta. Su hijo Matt practicaba polo acuático de manera espectacular, beneficiado por sus casi dos metros de estatura, pero ¿no estaba mal encausado su talento?

Desde los cinco años nadaba con tan buenos resultados que, disputados los Olímpicos de Múnich 1972, lo comparaban en casa con Mark Spitz. "¡Con esa patada vas a ganar medallas olímpicas!", le repetían antes de asumir que la pasión por el polo acuático abrazaría a Matt.

Un niño modelo que sólo fue regañado cuando, a los 14 años, incendió su jardín por lanzar fuegos artificiales. Su castigo fue el único que de verdad le dolía: prohibido meterse a la alberca por varios días.

Ya a los 17 años, edad en la que los nadadores tienen más que definido su camino, analizaba ofertas para ser becado como jugador de polo acuático. Entonces Nick telefoneó a su viejo amigo Nort. Le solicitaba que observara nadar a Matt.

Ese entrenador, que guiaría a decenas de campeones a Olímpicos, se convenció en cuanto echó un vistazo: que se olvidara del polo acuático, lo suyo era nadar.

Bajo la tutela de Thornton el muchacho mejoró su de por sí espléndida técnica, aunque dándose tiempo para todo. Mientras entrenaba cinco horas diarias, lograba calificaciones escolares perfectas e incluso lavaba platos a cambio de que le sirvieran comida sana (según explicaba, si él se cocinaba terminaría por alimentarse inadecuadamente).

Un año más tarde de la llamada que daría un giro a su vida, un desconocidísimo Matt se colgaba su primer oro olímpico en Los Ángeles 1984. Cuando insinuó que quería competir en polo acuático en Seúl 1988, sus hermanos se rieron. Sí, por supuesto que iría a la capital sudcoreana, mas la meta ya eran los siete oros en unos Juegos de ese Spitz con quien de pequeño lo comparaban. No fueron siete oros, pero sí siete medallas con cuatro récords mundiales. Los goles del enorme y carismático Biondi no cayeron con pelota, sino a frenética velocidad en estilo libre.

¿Y si con ese predestinado cuerpo su padre hubiera contactado a su otro amigo universitario? Quizá entonces Matt se hubiese coronado con Joe Montana en los 49ers.

8 oros, 2 platas y 1 bronce entre Los Ángeles 1984 y Barcelona 1992 ◆ 6 títulos mundiales ◆ Mejoró 4 veces el récord de 100 metros estilo libre

KRISTIN OTTO

LA EMPERATRIZ DE SEÚL

 Nació el 7 de febrero de 1966

A los 10 años, Kristin ya se había sentido dos veces ajena al mundo que la rodeaba.

La primera sucedió cuando, muy pequeña, su padre aceptó trabajar como profesor de física en Dubna, ciudad recién fundada en la Unión Soviética para desarrollar programas científicos. Nostálgica de Alemania al mudarse, Kristin aprendería a hablar ruso con fluidez. En las aguas del río Volga que dividen tan peculiar sitio, se enamoraría de la natación.

La segunda aconteció cuando los Otto volvieron a Leipzig y Kristin experimentó problemas incluso mayores para readaptarse a su propio país. En la piscina encontró la solución, recordando esas mañanas de verano en las que nadaba por un Volga tan ancho y sutil que parecía lago.

Al asomarse a la adolescencia, el cuerpo de Kristin ya crecía a enorme rapidez y no había chica más alta que ella en Leipzig. Eso atrajo a las autoridades deportivas de la Alemania Democrática. Al contemplarla surcando la alberca, concluyeron que lo de menos era su estatura: la niña dominaba todos los estilos de natación y se divertía en las rutinas más intensas. Donde los demás se rendían asfixiados y adoloridos, Kristin mostraba un gozo infantil.

Sin embargo, sus jornadas no resultaban infantiles en absoluto. Pasadas las cinco de la madrugada ya cumplía su primera práctica, a lo que seguía ir al colegio unas horas, regresar a nadar su sesión más demandante del día, otra vez a estudiar y cerrar su tarde por tercera ocasión en la piscina.

Por esa época, hubo una disputa en torno a ella. Los preparadores de atletismo estaban convencidos de que esa muchacha, que ya medía 1.85, sería idónea para los 800 metros. Tras analizarlo, se aferró al nado y no demoró en confirmar su acierto. A los 16 años ganaba tres oros en Copa del Mundo, aunque su debut olímpico se pospondría por el boicot a Los Ángeles 1984. Como para constatar que la corona ya le correspondía, a unas semanas de la inauguración rompió un récord mundial.

Su meta era Seúl 1988, pero qué cerca estuvo de esfumarse. En 1985 se retiró por padecimientos de espalda. ¿Cómo imaginar podios cuando no podía caminar derecha? Con una fuerza de voluntad de acero, se recuperó.

Sería la reina de Seúl, primera mujer con seis oros en unos Olímpicos, además con victorias en tres estilos diferentes. Entonces esa niña, que descubriera su adoración al agua en el lado más científico del Volga, cambió de campo y se convirtió en periodista. Unos Juegos le habían bastado para conquistar el Olimpo.

Siempre cargó con acusaciones de dopaje sin comprobar.

6 oros en Seúl 1988 • Mejoró los récords mundiales en 100 y 200 metros libres

GAIL DEVERS

CONTRA TODO

 Nació el 19 de noviembre de 1966

¿Cómo pensar en Olímpicos con lo que Gail sufría? ¿Cómo poner la atención en entrenamientos o medallas cuando, a menos de dos años de Barcelona 1992, ni siquiera era capaz de caminar?

Con su rostro tan desfigurado por la enfermedad que no salía de casa, harta de que la gente la viera con miedo. Moviéndose de su cama a gatas o en brazos de sus familiares. Levantando directorios telefónicos en un intento desesperado por mantener cierta fortaleza física, porque Gail estaba determinada a regresar a la élite del deporte.

Su drama comenzó en Seúl 1988, donde aspiraba a varios podios. Conforme se acercaba el momento del debut, el malestar resultaba más insostenible y no comprendía la razón. Instalada en la Villa Olímpica, pasaba de vómitos a desmayos. Consumado su fracaso olímpico, muchos atribuyeron su pésimo desempeño a sobrecarga muscular, pero Gail sabía que eso no era una típica lesión de atleta.

Semanas después se sintió incluso peor. Los análisis corroboraron que padecía un síndrome de tiroides conocido como enfermedad de Graves-Basedow. Al serle explicado que los medicamentos contenían sustancias prohibidas por el reglamento de dopaje, Gail se negó. En su cabeza estaba superar esa condición cuanto antes y retornar a las pistas. La alternativa era un tratamiento con base en radiación, cuyos efectos no podía imaginar.

Su cabello caía en mechones, sus uñas ya no crecían, su cara lucía deforme, bajaba de peso alarmantemente. Sus pies desarrollaron tales ampollas que, esa chica que soñaba con ser la más veloz del planeta, dejó de caminar.

En febrero de 1991 la llevaron de emergencia al hospital con la amputación de las dos piernas como posibilidad. Tendida y debilitada, Gail rezaba por conservar las extremidades y hurgaba en el inicio de su pasión... cuando, en la infancia, su hermano la impulsó a entrenar tras vencerlo en una carrera.

Contra todo pronóstico, Gail volvió a correr. Primero en calcetas, al no soportar el apretón de los zapatos, luego sin tregua, cada jornada trabajando el triple, desbocada por recuperar el tiempo perdido.

Para agosto de 1991, siete meses después del día en el que casi es amputada, apareció en los Mundiales de Tokio. Le insistían que ya era una ganadora, aunque Gail no lo creyó ni al conquistar la plata en 100 metros con vallas. El oro que ella necesitaba llegó un año más tarde, en los 100 metros planos de Barcelona 1992, gesta que repetiría en Atlanta 1996.

No mintieron quienes le aseguraron que ya no iba a caminar. Gail Devers iba a volar.

Oro en 100 metros en Barcelona 1992 y Atlanta 1996 ⁕ Oro en 4×100 en Atlanta 1996 ⁕ 8 medallas en Mundiales entre 1991 y 2001

NAIM SULEYMANOGLU

EL HÉRCULES DE BOLSILLO

 Nació el 23 de enero de 1967 · Murió el 18 de noviembre de 2017

Los adultos discutían arrebatándose la palabra. Ese día no se hablaba de otro tema en el pueblo búlgaro de Momchilgrad. La angustia subía a cada sorbo de té o café.

Desde la capital Sofía brotaba una noticia que afectaba a la mayoría en esa provincia, por coincidir en la ascendencia turca: se clausuraban las mezquitas y todo sitio vinculado al islam; los nombres debían adaptarse al idioma búlgaro.

Medio siglo antes de que Naim naciera, ese rincón sur de Bulgaria fue perdido por el Imperio Otomano (es decir, por los turcos) tras la Primera Guerra de los Balcanes.

Para cuando llegó al mundo ese chaparrito que apenas crecería, su familia se desenvolvía con cierta tranquilidad. Resignada a tremendas penurias económicas, aunque conforme con practicar su religión y vivir como turcos en Bulgaria.

Con su padre midiendo 1.52 y su madre 1.38 metros, a nadie sorprendía la baja estatura de Naim, que no pasaría del 1.47; sí sorprendía su descomunal fuerza para alzar piedras al acompañar a su papá a trabajar en las minas o al mover ramas de árboles cuando apoyaba a su mamá en labores del campo.

A los 10 años dejaba boquiabierto a su salón escolar levantando grandes pesos, por lo que se acercó a un gimnasio. Más allá de su bravura y disposición al esfuerzo, su diminuto cuerpo estaba hecho para la halterofilia, con torso y antebrazos atípicamente largos.

A los 16 años, al regresar eufórico a Momchilgrad con su primer título mundial, lo recibieron con la tensión derivada de las medidas antiturcas del régimen. Ahí, el apellido Suleymanoglu fue convertido en Suleimanov. Tres años más tarde, ya coronado otras dos veces como mejor del planeta, le informaron que el anterior cambio no bastaba, que en adelante respondería al nombre de Naum Shalamanov.

En 1986, en una competencia por Australia, Naim inventó a sus entrenadores que iba al baño y se escapó. Por cuatro días se desconoció su paradero hasta que apareció en la embajada turca pidiendo asilo. Poco después besaba el piso del aeropuerto al ingresar a la tierra de sus ancestros y desataba un lío diplomático.

Con los Olímpicos de Seúl 1988 a punto de inaugurarse, el gobierno turco pagó un millón de dólares al búlgaro para que se autorizara el registro de Naim con su delegación.

El apodado *Hércules de Bolsillo* no sólo ganaría tres oros olímpicos. Sus éxitos orillaron a Bulgaria a permitir la salida de buena parte de su minoría turca.

Capaz de levantar el triple de su propio peso, ningún halterista ha dominado tanto su categoría como él.

Oro en Seúl 1988, Barcelona 1992 y Atlanta 1996
◆ 8 campeonatos mundiales ◆ 46 veces mejoró un récord mundial

DARA TORRES

LONGEVIDAD ACUÁTICA

 Nació el 15 de abril de 1967

Dara descubrió aquello de "la edad es sólo un número" cuando su padre se refería a las burlas por ser mayor que ella en más de 50 años.

De Edward, un magnate con hoteles y casinos en Las Vegas, Dara heredaría algo más que el dinero: competitividad, perseverancia, cumplir metas.

Ya de niña se obligaba siempre a ganar, tanto si se trataba de un deporte como de terminar la comida o acaparar una silla. Mucho decir considerando los años que le llevaban sus medios hermanos y su capacidad para aun así vencerlos. Vivían en una mansión de Beverly Hills, en cuya alberca aprendió a nadar, aunque antes de enamorarse de las brazadas practicó tenis, basquetbol y ciclismo; en todos los deportes se impuso, incluido el de negarse a usar vestidos como pretendía su madre, una exmodelo con familia vinculada a la industria del cine en Hollywood.

Conforme Dara crecía, incrementaba su hiperactividad. Por ello su mamá la inscribió en clases de natación, siendo su evolución tan fulgurante que, con 15 años rompió el récord mundial en 50 metros estilo libre (la noche anterior a la carrera, lloraba en su habitación con miedo a perder).

Se retiró luego de subir cuatro veces al podio entre Los Ángeles 1984, Seúl 1988 y Barcelona 1992. Graduada en comunicación, comenzó a tra-

bajar en la televisora NBC. Cierto día, se topó con alguien editando una pieza sobre un patinador que había vuelto a las pistas para coronarse.

Así se le ocurrió regresar. Las descalificaciones por sus 32 años serían silenciadas con cinco medallas en Sídney 2000. Entonces sí, todo parecía cerrado: suficiente mérito ya era acumular nueve metales olímpicos. Estando embarazada en 2006, pensó que nadar le ayudaría a sentirse mejor y ya se sabe lo que sucede cuando Dara toca el agua: tiene que ser campeona.

Nacida su hija, aceleró la preparación rumbo a Beijing 2008, donde se convertiría en la nadadora más veterana no sólo en competir, sino en colgarse una presea... o tres para ser precisos, para concluir su trayectoria con 12 en total.

Algo cambió en ese camino de 25 años: antes Dara Torres no se esforzaba igual en los entrenamientos que en los campeonatos, víctima de su propia competitividad; que había pasado por problemas de bulimia, en un afán de marcar el peso indicado; que en un principio se preocupaba mucho por lo que vieran los demás, hasta que comprendió que lo único importante era lo que ella hiciera.

Multilaureada con 41 años, derrotando a nadadoras a las que doblaba la edad, utilizó la vieja frase para el título de su libro: la edad sólo es un número.

4 oros, 4 platas y 4 bronces entre Los Ángeles 1984 y Beijing 2008
La nadadora más veterana en competir en Olímpicos y ganar medallas
Rompió 3 veces el récord en 50 metros estilo libre

MICHAEL JOHNSON

EL GENIO DEL SALÓN

 Nació el 13 de septiembre de 1967

Entre muchachos de cabellos alborotados que llegaban empujándose y arrojaban su ropa al piso antes de correr, Michael parecía un extraterrestre aquel primer día ante el entrenador de la escuela. Caminaba derecho y aferrado a un portafolios, usaba lentes y corbata, cuidaba su vestimenta y apariencia, por lo que era molestado y calificado como *nerd*.

Cuando volaron sus anteojos al inicio de la carrera, muchos apuraron las burlas, mismas que se tragaron al verlo cruzar la meta como ganador. Para sorpresa de los que le aventaban bolas de papel, Michael era el mejor en los estudios y también en la pista.

Paul, su padre, insistía que en el futuro sus hijos no conducirían un tráiler como él e imponía reglas: no se improvisa, se debe formular un plan, según el esfuerzo el premio. Por ello, cuando Michael fue transferido a clases para chicos superdotados, apenas se asombró: eso, y nada menos, esperaba el exigente papá.

Deseaba ser arquitecto y en su primer plano trazó una enorme mansión en la que, explicaba convencido, de mayor viviría.

Su potencia física propició que se le ofrecieran becas para desarrollarse en futbol americano, aunque no le gustaban ni la agresividad de las tacleadas ni el depender de otros en un deporte de conjunto. Por eso le atrajo el individualista atletismo, y

no anhelando ser olímpico, sino como mecanismo para estudiar gratis en la Universidad Baylor, cerca de su casa en Dallas.

Sin embargo, por volcado que estuviera en lo académico, Michael era incapaz de hacer algo a medias. Cuando necesitó dinero, se empleó hasta la madrugada acomodando juguetes a cambio de tres dólares por hora. Cuando entendió que ya era un atleta, empezó a dormirse a las ocho de la noche y no dejó de entrenar ni cuando un tornado pasó por Texas. Cuando comprendió que un *sprint* dura máximo 300 metros, trabajó los brazos para que fueran su motor en el último cuarto de la competencia de 400.

Y una suerte: sus entrenadores respetaron su peculiar forma de correr. Demasiado erguido, con una zancada 15 centímetros menor a la del resto, pero con aceleración y resistencia pocas veces vistas.

Sus medallas demoraron. No pudo ir a Seúl 1988 por lesión y a una semana de Barcelona 1992 se intoxicó en un restaurante (pensaba en su padre y lamentaba el descuido: ¡cómo había improvisado!). En Atlanta 1996 asaltaría de golpe su trono: uno de los mejores velocistas de la historia, único que compaginó los reinados en 200 y 400 metros.

Sin sorprenderse, construyó la mansión de su boceto: el chico de los lentes sabía que, en un oficio u otro, con disciplina cumpliría sus sueños.

4 oros entre Barcelona 1992 y Sídney 2000 · 8 oros en Mundiales entre 1991 y 1999 · Impuso récord mundial en 200 y 400 metros

ALEXANDR ALEXÁNDROVICH KARELIN

EL GIGANTE DE SIBERIA

 Nació el 19 de septiembre de 1967

Se suponía que ese ocho de mayo, celebratorio de las mujeres en la Unión Soviética, sería de sonrisas para Zinaida. Contrario a eso, entró despavorida al hospital al enterarse de que su hijo de 14 años, Alexandr, se había destrozado la pierna.

Mientras escuchaba al médico detallar que el fémur estaba partido en dos, hizo quemar el único uniforme de ese niño al que llamaba por el diminutivo Sasha y le prohibió practicar de nuevo la lucha.

Meses después, cuando supo que el muchacho volvía a luchar a escondidas, Zinaida echó en falta a ese esposo que, por manejar un autobús por la estepa siberiana, se ausentaba semanas completas. Sasha cerró la discusión diciéndole: "No puedo dejar un deporte al que ya he ofrecido una pierna".

Vivían en Novosibirsk, en pleno corazón de Siberia, más de 3 mil kilómetros al este de Moscú. En esos inviernos de 50 grados bajo cero, el feroz Alexandr se atrevía a salir a correr sin camisa y remaba con tanta enjundia por el semicongelado río Obi que le sangraban las manos.

Lugar inhóspito al que sus bisabuelos fueran confinados en tiempos de la Rusia zarista, acusados de ser intelectuales. Pese a los prejuicios por ser tan inmenso y musculoso, Sasha crecería honrándolos al emocionarse leyendo a Fiódor Dos-

toyevski y oyendo a Dmitri Shostakóvich: rudeza y belleza juntas... como en el paisaje siberiano.

En la adolescencia lo molestaban por pronunciar mal la R y por su apariencia gigantesca (ya al nacer, había pesado más de seis kilos). Cuando un entrenador lo vio cargando dos sacos de papas por la calle y lo invitó a conocer la lucha grecorromana, Sasha aceptó: en adelante, nadie se metería con él.

Su resistencia al dolor impactaba tanto como su determinación a entrenar tres veces diarias y su agilidad siendo tan rocoso.

En cierta ocasión desplazó un refrigerador de 180 kilogramos por las escaleras de un edificio sin elevador y se confirmó capaz de levantar a todo rival. Ésa sería su rúbrica: cargar al oponente y azotarlo contra el piso como si fuera de papel. Si en la antigua Grecia la lucha era denominada *Pankration*, traducible como "todo el poder", este titán se convertiría en el todopoderoso del olimpismo.

Karelin pasaría 13 años sin perder un combate y se retiraría como uno de los deportistas más dominantes: 887 victorias y apenas dos derrotas.

A cambio de ese ocho de mayo de sustos, Zinaida observaría a su Sasha transformado en el mejor luchador olímpico de la historia. Portento igual de temible e imbatible en su incursión por las artes marciales mixtas.

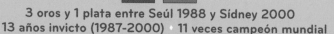

3 oros y 1 plata entre Seúl 1988 y Sídney 2000
◆ 13 años invicto (1987-2000) ◆ 11 veces campeón mundial

FÉLIX SAVÓN

EL BOXEADOR VICTORIA

 Nació el 22 de septiembre de 1967

Conforme caía la noche en la choza de los Savón, se notaba más la cercanía de la Base Naval de Guantánamo. La oscuridad en el poblado de San Vicente contrastaba con las luces que llegaban desde el otro lado de la cerca electrificada, desde ese pedazo de Cuba ocupado por Estados Unidos a partir de 1903.

Como todos los niños guantanameros, Félix temía una invasión cada que los aviones militares descendían interrumpiendo con estruendo sus lecciones escolares. A cada mañana le era recalcado en discursos y canciones que la bandera ondeada en la Base Naval vecina amenazaba a su isla.

En el montañoso San Vicente, esquina oriental de Cuba, sólo había una televisión. Por eso de Olímpicos ahí se sabía poco. Lo que les interesaba del deporte estaba en la naturaleza: nadar por el río, correr entre los cultivos de caña de azúcar, participar en juegos de beisbol en los que Félix era apodado *Carro Loco* por pretender fildear todo batazo.

Ese musculoso muchacho, temible con sus más de 1.90 de estatura y amable con su infaltable sonrisa, estaba predestinado a triunfar en el deporte que eligiera.

Cuando ya destacaba en remo, sus largos brazos llamaron la atención de un entrenador de boxeo. Sin explicarle demasiado, lo llevó a un cuadrilátero.

Al entender que si no golpeaba lo golpearían, tiró un derechazo y noqueó a su contendiente. Todos quienes lo vieron subieron eufóricos a abrazarlo. Todos menos Félix, preocupado primero porque su rival tardaba en levantarse y, después, porque su madre no aceptaba que viviera de repartir trancazos.

Alertada su mamá de que prohibirían a su hijo desarrollarse en otra disciplina, Savón continuó y perdió sus siguientes siete peleas. Tenía materia prima, mas no técnica. Así empezó a practicar noche y día con un saco de arena que colgó sobre su cama. Todavía tenía los ojos pegados al despertar, cuando ya estaba estrellando sus puños contra esa mole.

Cuba comenzó a presumir que había descubierto al heredero de Teófilo Stevenson, leyenda que se prestó a ser *sparring* de Savón con intercambios que llevaron a la lona a los dos.

Seúl 1988 tenía que ser su debut, pero su país declinó participar por cuestiones políticas y Félix se enteró en La Habana de que un boxeador al que ya había vencido conquistó el oro. Pronto tuvo revancha. En las siguientes tres justas olímpicas, el gigante brilló tanto que le ofrecieron millones de dólares por desertar de Cuba y enfrentar a Mike Tyson.

Félix, acaso acordándose de los aviones que bajaban a la Base Naval estadounidense justo a un lado de su choza, nunca aceptó.

3 oros en peso pesado (Barcelona 1992, Atlanta 1996 y Sídney 2000)
6 veces campeón mundial ◆ Marca de 362 victorias y 21 derrotas

JAVIER SOTOMAYOR

EL PRÍNCIPE DE LAS ALTURAS

 Nació el 13 de octubre de 1967

Todavía con restos de harina en las manos y el delantal impregnado de mantequilla, el abuelo encontró llorando en su casa a ese nieto al que apodaba Titi.

"¡Yo a la escuela no vuelvo!", aseveró con respiración entrecortada el niño de gigante estatura. Javier se había escapado ese día del colegio porque le tocaba practicar algo que le aterraba: salto de altura. Incluso, ante su reiterada negativa, amenazaron con expulsarlo.

Hasta antes de la Revolución cubana, su abuelo había sido el dueño de la Panadería Limonar en la provincia de Matanzas. Consumado el triunfo de la misma, el panadero fue mantenido no sólo operándola sino también instalándose con sus hijos y nietos en tan amplio recinto. Viendo de frente al patio en el que se acumulaban los hornos, convenció a Titi de que no viviera con miedo, de que por alguna razón sus profesores le pedían que probara el salto, de que nada malo sucedería.

A la jornada siguiente, Javier corrió hacia la viga de altura y, apretando los ojos al despegarse del suelo, alcanzó una marca jamás vista en la escuela: 1.65 metros. Eso, aunque lo realizó sin técnica, del todo ignorante de la forma en que se efectuaba esa disciplina, con inevitable temor por caer en un cajón de arena y no, como en los sitios especializados, sobre un colchón.

Javier había desarrollado una gran rapidez desde que su tío le regalara un cronómetro. Cada que salía de casa era a *sprint* máximo, siempre midiendo su registro y desafiándose a mejorarlo. Si una mañana demoraba dos minutos en llegar al lugar que mamá le encargaba, por la tarde repetía el trayecto hasta lograrlo por debajo de ese tiempo.

Sin embargo, a él le gustaba el basquetbol y de ninguna manera el atletismo. ¿Por qué tanta insistencia en que saltara? Porque su explosiva velocidad, aunada a tan largo cuerpo y esa fuerza de piernas, invitaban a pensar en condiciones idóneas para una importante elevación.

Detectado ese gen saltarín, a los 14 años fue becado para entrenar en La Habana. Así, Sotomayor se convirtió en *Saltomayor* al asimilar, como nadie en la historia, la técnica que Dick Fosbury canonizara en México 1968.

Los boicots cubanos a los Juegos de 1984 y 1988 pospusieron su irrupción olímpica, pero como muestra de que con o sin medalla era el genuino rey de la altura, nueve días antes de la inauguración de Seúl 1988 impuso récord mundial.

Ya después, en Barcelona 1992, disfrutaríamos de ese talento. Plusmarquista horneado como el más perfecto de los panes, cuando su abuelo lo impulsó a los cielos en contra de todo miedo.

Oro en Barcelona 1992 y plata en Sídney 2000 • Poseedor del récord mundial en salto de altura (2.45 metros) • Se retiró con 17 de las 20 mejores marcas de la historia

MARIE-JOSÉ PEREC

LA GAZELLE DE GUADELOUPE

 **Nació el 9 de mayo de 1968**

Desde el cocotero al que había escalado, Marie-Jo podía descifrar, a un costado, todos los azules del mar Caribe; al otro, un humo brotando tan intenso del volcán de La Grande Soufrière, que muchos de los isleños eran a menudo evacuados.

La mansedumbre de las olas, la amenaza de las fumarolas, entre esos contrastes se vivía en Basse-Terre en el archipiélago de Guadalupe, a 7 mil kilómetros de París pero igual perteneciente a Francia.

Marie-Jo se divertía bajando cocos, yendo por cangrejos al río o ayudando a su madre a servir comida en su *lolo* (fonda típica de las Antillas francesas).

Cuando con 13 años se acercó al 1.80 de estatura, recibió apodos que odiaba como *Caña de Azúcar*. Solitaria e introvertida, clavaba sus ojos llorosos en el Caribe y se imaginaba navegando a otro país.

Aunque no mostraba habilidad manejando el balón, su altura propició que la metieran al equipo de baloncesto. Cierta vez el entrenador la mandó a comprar cacahuates a un kilómetro, pidiéndole que se apurara. Al percibir que regresó en breves minutos, supo que estaba hecha para la pista y no para saltar a la canasta.

Por entonces era tan ajena al deporte que ni siquiera se enteró de que se disputaban los Olímpicos en 1984. Como sea, el instructor le habló de un tal Carl Lewis y la quiso observar correr. Enloque-cido por su registro, le consiguió una prueba con los mejores de su edad, mas al recogerla, Marie-Jo se escondió en el armario. Su abuela Eléonore la sacó a jalones, vociferando que si se había comprometido tenía que acudir. Arrasó con su zancada inexperta, ganándose un lugar en un intercolegial en la lejana París.

Hasta allá fue a dar y, confirmado su potencial, terminó por instalarse en la capital francesa ya con entrenamientos formales. No obstante, en el invierno de 1986 huyó de vuelta a Guadalupe harta del clima helado y la severa exigencia física.

Recapacitó a tiempo para calificar a Seúl 1988, donde con 20 años no pasó de cuartos de final, dudando de si le interesaba continuar. En la clausura, asumió como reto personal el letrero en la pantalla del estadio. Leyó "¡Nos vemos en Barcelona 1992!" y se decidió.

Por las noches soñaba que era derrotada, por los días descubría lacerantes dolores en cada músculo, con los siguientes Juegos en la cabeza. Todo valdría la pena con su corona en 400 metros, refrendada en Atlanta 1996, con el añadido de otro oro en los 200.

Sus triunfos resonaron cual explosiones del indomable volcán de La Grande Soufrière. Eso sí, corría con cadencia propia de su amado Caribe.

Oro en 400 metros en Barcelona 1992 y Atlanta 1996
Oro en 200 metros en Atlanta 1996 • 2 oros en Mundiales (1991 y 1995)

HASSIBA BOULMERKA

POR LA MUJER

 Nació el 10 de julio de 1968

Los puentes que enlazan las dos mitades de Constantina sirven como metáfora de una ciudad que, desde siempre, ha conectado culturas. Con origen fenicio, nombre romano, influencia francesa y tradición árabe, lo primero que todo local habría de entender, es que diversidad y tolerancia son automáticos.

En especial en la familia Boulmerka, con su padre pasando largas temporadas en Francia, donde conducía camiones para mantener a sus siete hijos en Argelia.

Hasta esa modesta casa llegaban personas a acusar que habían sorprendido a la más bajita de sus hijas, Hassiba, vestida de forma inadecuada.

¿A qué se referían? A que la niña corría portando shorts y playera sin mangas. Con cierta resistencia inicial, su padre se lo autorizó tras dimensionar el potencial de esa chica que amaba hacer kilómetros sobre la falda de la cordillera del Atlas.

Hassiba, que antes quiso dedicarse al balonmano, descubrió en la velocidad que los límites no existían: ni los personales marcados por el dolor tras cada sesión, ni los impuestos por el fundamentalismo islámico, en auge conforme entraba en la adolescencia.

Cuando se le impidió continuar con sus estudios por ser mujer, tomó a su abnegada madre como ejemplo de lo que no iba a sucederle; esa señora analfabeta por prohibírsele educación básica.

Así que Hassiba, a quien escupían y arrojaban piedras al verla corriendo con las piernas descubiertas, se aferró a su destino. A fin de no depender de nadie, consiguió un empleo como secretaria mecanógrafa, tras el que entrenaba cuatro horas todas las noches.

Al convertirse en la mejor mediofondista del continente, se mudó a la capital Argel, contra el prejuicio de que una jovencita no debía desplazarse sola. Ahí empezó a trabajar con un reconocido preparador, quien nunca encontraría persona más dispuesta al sacrificio. Por severa que fuera la exigencia, Hassiba daba más.

Al coronarse en Tokio 1991 fue doble pionera: tanto la primera africana como la primera árabe campeona del mundo. Esa gloria multiplicó las amenazas de grupos extremistas. Por mucho que insistía ser musulmana y rogaba que se le respetara el competir sin velo en la cabeza, tuvo que vivir rodeada por operativos de seguridad, orillada a exiliarse de ese país en el que estaba en peligro... país al que pronto pondría en el mapa olímpico.

Fue en Barcelona 1992. Primera medalla de oro para Argelia. Tras contemplar su festejo, miles de niñas musulmanas comenzaron a practicar deporte. La reina Noor de Jordania la felicitó: "Tu victoria es la de todas las mujeres árabes".

Medalla de oro en 1500 metros de Barcelona 1992 · 2 veces campeona mundial (Tokio 1991 y Gotemburgo 1995) · Premio Príncipe de Asturias 1995

ROBERT KORZENIOWSKI

LA REINVENCIÓN DEL REY MARCHISTA

 Nació el 30 de julio de 1968

La duda no era a qué se dedicaría Robus, sino si caminaría de nuevo con normalidad.

A los nueve años empezaron sus problemas de reumatismo. Adolorido y sin lograr explicar su malestar, con las extremidades tiesas e hinchadas, apenas se pararía de la cama por los siguientes dos años. A eso se añadían los ataques de asma que padecía y un bombardeo de medicinas que sus padres ya no entendían si ayudaban o afectaban.

Quizá el único que siempre supo que saldría de esa etapa sin secuelas fue ese pequeño tan enfermizo como generoso. Mientras tardaba en sanar, en el colegio recordaban con lágrimas una anécdota: cuando su maestra hizo ahorrar a todo el salón unas monedas a fin de que cada alumno se comprara lo que quisiera y Robus, consciente de las carencias en casa, destinó el dinero a su hermanito próximo a nacer.

Vivían en la ciudad polaca de Jaroslaw, cerca de la frontera con Ucrania, en un bloque habitado por empleados ferroviarios, como su padre. Durante su larga convalecencia extrañaba la bicicleta, su primera gran pasión, y divertirse en el patio del edificio. Desde ahí subían hasta su cuarto los gritos de sus vecinos que jugaban futbol e imaginaban anotar como el goleador de la selección, Wlodzimierz Lubanski.

A los 12 años se consumó el milagro: Robert volvió a sentirse perfecto. Valorando el privilegio del caminar, de inmediato deseó regresar al deporte.

Por esos días vio la película *Operación Dragón* de Bruce Lee y decidió que lo suyo eran las artes marciales. Al no existir en ese rincón de Polonia academias de kung-fu o karate, incursionó en lo más similar que encontró, que fue el judo.

Año y medio después, las protestas contra el régimen comunista, encabezadas por Lech Walesa y el movimiento Solidaridad, propiciaron que el gobierno temiera a toda cuna de disidencia… ¡y los políticos concluyeron que capacitar en judo a los niños lo era! La academia fue cerrada de forma supuestamente provisional. Y de forma supuestamente provisional Robert comenzó en el atletismo.

Agradecido del regalo de caminar, Robert entrenaba sonriendo. Donde los demás se quejaban, él celebraba, pero le faltaba un aprendizaje. Perdería dos medallas que tenía en la bolsa (Olímpicos 1992 y Mundiales 1993), al ser expulsado de la carrera por incumplir la técnica. Sin victimizarse o repartir culpas, lo asumió como una oportunidad y trabajó más que nunca. Entonces sí, vendría un reinado de cuatro oros en tres Olímpicos.

Las piernas que nunca funcionarían a plenitud serían las del mejor andarín de la historia.

Oro en 50 km marcha en Atlanta 1996, Sídney 2000 y Atenas 2004
Oro en 20 km marcha en Sídney 2000
2 veces mejoró el récord mundial de 50 km marcha

ISABELL WERTH

LA DIOSA AMAZONA

 Nació el 21 de julio de 1969

Difícil creer que esa casa rodeada por naturaleza, donde se respiraba el aire más puro y se escuchaban casi sin interferencia puros sonidos animales, estuviera tan cerca de la zona más industrial y densamente poblada de Alemania.

En una granja de la localidad de Issum, a menos de 20 kilómetros de la frontera con Holanda, nació una niña que, como todos ahí, sólo conocía la vida entre vacas, gallinas, puercos y, por supuesto, caballos.

Incluso en una familia en la que su padre montaba para cazar y su madre recreativamente, era sorprendente la soltura de Isabell al subirse a esa yegua poni, cuyo pelaje oscuro contrastaba con el cabello rubio de la pequeña. Montando a Illa, su primer gran amigo equino, a los cinco años ya daba vueltas precisas por el establo.

A un costado vivía el prestigiado Dr. Uwe Schulten-Baumer, laureado jinete que, en el retiro, daba lecciones de equitación a jóvenes de la región. La ya adolescente Isabell, quien antes había ganado numerosos torneos infantiles, no podía dejar de ver al otro lado de la reja, donde trabajaba el doctor y bailaban los caballos: sus indicaciones, las rutinas de sus alumnos, la armonía y plasticidad del corcel haciendo cada uno de los finos movimientos del adiestramiento.

El último día de 1986 su sueño se convirtió en realidad. Quizá por las celebraciones del cambio de año, uno de los jinetes de Schulten-Baumer no llegó a la práctica. Consciente de que Isabell contemplaba parada desde su casa y recordando que su hija le había comentado del talento de la joven vecina, Uwe la invitó a montar al caballo Gigolo. El año finalizó y la historia más exitosa del hipismo olímpico comenzó.

Cinco años más tarde, en los Juegos de Barcelona 1992, Isabell Werth ganó sus dos primeras medallas con ese mismo Gigolo, con el que de nuevo mandaría sobre el adiestramiento hípico en Atlanta 1996 y Sídney 2000.

Retirado Gigolo y concluida la relación laboral con el doctor, Isabell se reconstruyó con una visión: no quería comprar sus siguientes medallas, sino montar hacia ellas. Por ello, en vez de adquirir un costoso caballo, se dio tiempo para criar los propios.

La más destacada amazona de su época sería la mejor de la historia fuera del confort. Con el hermoso Satchmo volvería a ser campeona en Beijing 2008 y con el imponente Weihegold (traducible como "consagrado en oro") continuaría su reinado en Río 2016, ya con 47 años. Palmarés que no ha cerrado, el galope a la gloria de esa niña rubia no ha terminado tantas décadas después.

6 oros y 4 platas en adiestramiento entre Barcelona 1992 y Río 2016 · 9 oros en campeonatos mundiales entre 1994 y 2018 · La más ganadora del hipismo olímpico

LISA LESLIE

POR LA DUELA COMO EN TRÁILER

 Nació el 7 de julio de 1972

Christine no iba a permitir que sus hijas sufrieran lo que, en la infancia, ella había sufrido: ser molestada en el colegio y recibir apodos por su elevada estatura.

Por eso cuando a los 13 años Lisa ya se acercaba al 1.90 que ella medía, decidió repetirle a diario lo maravillosa que se veía, luchar por que se aceptara a sí misma y bloqueara complejos. A cada noche le pedía que modelara, colocándole libros sobre la cabeza para mejorar su postura y llenarla de seguridad, mientras enfatizaba que era tan alta por descender de la realeza africana.

Antes, cuando Lisa tenía cuatro años, su padre se había marchado, orillando a Christine a resolverlo todo sin ayuda. Durante un tiempo fue cartera, aunque el sueldo no bastaba para que sus tres hijas dejaran ese barrio californiano de violencia y adicciones. Luego de considerar varios empleos, compró un tráiler de 18 llantas y se convirtió en camionera.

Pasar varias noches en carretera no era habitual para una señora, con el añadido de que no estaba con sus hijas por largos periodos. Sin embargo, las convenció de que el sacrificio valdría la pena. A partir de entonces, en vacaciones, Lisa acompañaba a su madre por la extensa geografía estadounidense, durmiendo en la caja del camión y soñando con, en el futuro, atravesar el país en avión.

Una niña tan consciente de su potencial que a los seis años autografiaba papeles, según decía, para cuando fuera famosa. ¿Famosa en qué? En actuación, modelaje o quizá algún deporte, como el baloncesto que jugaba en el parque con su primo, esforzándose con una consigna de mamá en la mente: "Hazlo perfecto; si no, ni lo intentes".

El otro mensaje de la ya camionera Christine, el de no intimidarse ante hombres y triturar los prejuicios, lo aplicó al ingresar a una escuela que carecía de equipo femenino de basquetbol. Lisa se registró en el conjunto varonil sin amedrentarse frente al rechazo y los ataques verbales.

Así que al cambiarse a otro instituto que sí tenía cuadro de mujeres de baloncesto, esa Lisa tan curtida y desafiada arrasó. Por si faltara, pusieron a las zurdas a entrenar en una esquina; al ser la única y aburrirse sola, se trazó como meta disimular que su mano experta era la derecha. Sin darse cuenta, se transformó en una ambidiestra tan incontenible que llegó a sumar 101 puntos en sólo medio partido.

Después de su primer oro olímpico, en Atlanta 1996, pensó en retirarse. Entonces nació la WNBA, de la que Lisa Leslie sólo saldría como líder de puntos y rebotes, habiendo sido también la primera en volar para clavar una canasta.

Oro en Atlanta 1996, Sídney 2000, Atenas 2004 y Beijing 2008 · 2 veces campeona mundial · 2 veces campeona de la WNBA, ambas como jugadora más valiosa

PYRROS DIMAS

EL NIÑO QUE SOÑÓ CON GRECIA

 Nació el 13 de octubre de 1971

Todavía no amanecía en la localidad albanesa de Himara y los hermanos Dimas ya estaban parados en la fila de la leche, inciertos de si alcanzarían a llenar su botella.

Como el común de los descendientes de griegos, Pyrros y Odysseas llevaban vida doble. En la calle, escondían sus nombres helenos y se mostraban como orgullosos comunistas albaneses. En casa, se entusiasmaban escuchando sobre la antigua Grecia; sobre su historia (así entendió el mayor que se llamaba como el rey Pirro de Epiro, aquel que al sacrificar todo por una batalla diera lugar a la frase "victoria pírrica"); sobre su mitología (en la Guerra de Troya el menor encontró a su célebre tocayo Odiseo); sobre su religión cristiana ortodoxa prohibida por el régimen albano.

Quizá para reafirmar su pertenencia a un país jamás pisado, los Dimas se jactaban de descender de la heroína en la independencia griega, Laskarina Bubulina. Linaje, real o inventado, que no evitaba que Pyrros fuera molestado en el colegio por ser griego. Buscando imponer respeto, empezó a levantar sacos de cemento, cada día con más peso.

Antes de la adolescencia, se inscribió en el gimnasio con un anhelo: ser campeón en esos Juegos creados por sus ancestros en Olimpia; Olímpicos que el niño ni siquiera había mirado en un televisor, dado que Albania renunció a participar entre 1976 y 1988.

En 1990 acudió al torneo europeo juvenil en Dinamarca como campeón albanés. Ahí se le acercó el entrenador griego y le preguntó de la forma más discreta si deseaba representar a la tierra de sus antepasados. Aunque Pyrros sabía que Albania no permitía que sus ciudadanos salieran, aceptó.

Al volver a Himara sólo avisó a sus padres que se marchaba, viajando a Atenas con apenas un cambio de ropa y su gatita.

Si en Albania lo habían visto siempre como griego, se desilusionó al descubrir que en Grecia lo consideraban albanés y lo trataban como criminal. En el transporte público colocaba las manos a la vista para que, si alguien perdía algo, no lo culparan del asalto; lo mismo en las tiendas era vigilado con suspicacia.

Al cabo de año y medio, ese joven discriminado hacía sonar el himno heleno en Barcelona 1992 con su primera medalla de oro.

Tal vez en recuerdo de los relatos griegos saboreados en su infancia, tal vez pensando en el cemento que cargaba para dejar de ser molestado en Albania, tal vez con la rabia de ser rechazado en su hogar, Pyrros lanzó un grito en uno de sus intentos de levantamiento: *Gia tin Ellada!*, ¡Por Grecia! Y por Grecia se convirtió en el mejor halterista de todos los tiempos.

Oro en Barcelona 1992, Atlanta 1996 y Sídney 2000
• Bronce en Atenas 2004 • 3 veces campeón mundial

CLAUDIA POLL

COSTA RICA EN EL MAPA OLÍMPICO

 Nació el 21 de diciembre de 1972

Antes de quedarse solos en el que sería su hogar costarricense, los inquilinos recibieron unas sugerencias del casero: la farmacia más cercana, seguridad, pagos. Cuando el dueño ya se retiraba, reparó en esas dos niñas rubias que no dejaban de saltar y agregó que a la vuelta se encontraba un club que en breve comenzaría cursos veraniegos de nado. Sylvia, la más inquieta, tenía nueve años; Claudia, muy callada, siete.

En su natal Nicaragua solían divertirse jugando en ríos y playas, aunque nada de brazadas ni deportes formales. Como sea, su mamá las llevaría al club para que hicieran amigas y, de paso, echaran fuera su incontenible energía.

Claudia había nacido la noche previa al terremoto que devastó a Managua, protegida por las heroicas enfermeras que rescataron cunas y medicamentos. Frente al estallido de la Revolución sandinista en 1979, los Poll se mudaron a Costa Rica supuestamente por tres meses. Extraña provisionalidad como cuando sus padres llegaron de Alemania a Nicaragua pensando que sería por unas cuantas semanas, sin sospechar cuánto se enamorarían de Centroamérica y que sus hijas se criarían comiendo tortilla con frijol.

Sylvia y Claudia eran tan altas que mostraban problemas de coordinación. Un inicio en la natación aún más complejo por el fallecimiento muy joven de su papá. El entrenador Francisco Rivas no las atendió demasiado de entrada, pero al notar su evolución fue asumiendo que algo relevante se gestaba. Tan relevante como para colocar esa tierra en el mapa del olimpismo.

Era su disciplina para despertarse a las tres de la madrugada y entrenar a las cuatro. Era su resolución para nadar en aguas heladas. Era su devoción al trabajo que se les indicara: en el Bosque de la Hoja de Heredia, en las faldas del volcán Irazú, en esa alberca sin calefacción.

A los 16 años, Sylvia ya ganó grandes eventos, proyecto que desembocó en la primera medalla olímpica en la historia de Costa Rica, su plata en Seúl 1988. A su vez, Claudia siguió un proceso más lento; al no acudir a Barcelona 1992 imaginó que la hazaña de su hermana era inalcanzable.

Sin embargo, cada atleta camina a un ritmo distinto. En Atlanta 1996 hizo sonar el himno tico: oro en los mismos 200 metros libres que elevaran al podio a Sylvia.

De sangre alemana, de nacimiento nicaragüense, el grito olímpico de "pura vida" empezó con aquel casero y su sugerencia de curso veraniego. Grito posibilitado por esa madre que, al enviudar, halló tiempo para trasladar a sus niñas a la alberca todas las madrugadas. Eso, mientras sacaba adelante a su familia en la Costa Rica convertida en propia.

1 oro y 2 bronces entre Atlanta 1996 y Sídney 2000 • 1 oro, 1 plata y 2 bronces en Mundiales • 3 récords mundiales en piscina corta

CATHY FREEMAN

PORQUE SOY LIBRE

 Nació el 16 de febrero de 1973

Esa niña de ocho años no estaba en la pista para divertirse. Con los dientes apretados, Cathy había arrasado en su primera carrera en la escuela.

Sus zancadas voraces eran más un grito que un pasatiempo. ¿Grito de qué? Curiosamente, en su apellido mismo, Freeman, se revelaba la clave: libertad.

Como tantos aborígenes australianos, su abuela Alice había sido parte de la "generación robada": esos pequeños alejados de sus padres y desprendidos de su hogar, en un horripilante intento de asimilarlos a la cultura blanca. Quizá al correr Cathy rememoraba que, por ello, su abuela no sabía cuándo había nacido ni de dónde venía. Quizá también recordaba que su mamá, Cecelia, no visitaba a su familia por carecer del permiso exigido a los aborígenes para salir de su área asignada. O quizá pensaba en su hermana que, por una parálisis, no caminaba: "Si ella no se puede mover, yo que sí puedo utilizaré mis piernas al máximo", repetía.

Poco después de esa primera carrera, Cathy comprendió que su papá ya no viviría en casa. Personaje tan veloz cuando jugaba rugby que era apodado *Dedos Centellantes*, pero que, desde su retiro deportivo, cada vez bebía más alcohol.

La siguiente novedad fue que mamá se casaba con un hombre llamado Bruce, quien, un poco por haber notado la rapidez de su hijastra de 10 años y otro poco por ganarse su confianza, le propuso entrenarla: correr distancias, medir tiempos, crear una disciplina. Luego de unas semanas, Bruce colgó un letrero para que Cathy asimilara su potencial: "La mejor atleta del mundo", leía en la pared a cada despertar.

Su padrastro podía viajar gratis debido a que trabajaba en la compañía de trenes. Gracias a eso, llevó a Cathy a cuanta competencia hubiera.

El atletismo se hizo todavía más serio cuando su maestra notó que la niña no corría con zapatos adecuados y recaudó dinero para comprarle calzado deportivo. Tanto mejoró, que Bruce la convenció de buscar otro nivel de entrenamiento.

Fue becada en una prestigiosa escuela. El problema era que ahí estudiaban puros blancos, quienes la recibieron con insultos racistas. Retraída y temerosa, consciente del rechazo, Cathy se atrevió a hablar por primera vez cuando le preguntaron por sus planes a futuro: "Ganaré un oro olímpico", dijo con un hilo de voz a los 14 años.

En el año 2000, cumplía la promesa. En el festejo ondeaba la bandera aborigen junto a la australiana: por su abuela y por la generación robada, contra la segregación y la discriminación.

En su hombro llevaba tatuado un mensaje: "Porque soy libre". Correr para ella era mucho más que mover los pies.

Medalla de plata en 400 metros en Atlanta 1996 · Medalla de oro en 400 metros en Sídney 2000 · Encendió el pebetero de Sídney 2000

HAILE GEBRSELASSIE

EL NIÑO CON SUS LIBROS

 Nació el 18 de abril de 1973

Con el rostro más serio que de costumbre, mirando a los lados para asegurarse de que nadie lo veía, Bekele Gebrselassie sacó del escondite unas baterías usadas. Las colocó en el viejo radio y sintonizó la narración de los Olímpicos de Moscú 1980.

Así fue como Haile, el octavo de sus hijos, se emocionó escuchando que el etíope Miruts Yifter se coronaba en los 10 mil metros. Terminada la competencia, su padre guardó esas pilas sólo utilizadas en ocasiones muy especiales.

Se vivía un año muy complicado en esa casa. Había muerto su mamá, dejando a Haile con recuerdos que se convertían en lágrimas a cada atardecer. Por ejemplo, cuando se le clavaban espinas en los pies por no tener calzado y ella le retiraba una a una curándolo. O cuando más pequeño, por la noche, le cantaba para que durmiera pese al hambre, tiempos de sequía en los que se desayunaba, comía y cenaba maíz.

Su nombre era casi idéntico al del emperador Haile Selassie, derribado a cinco meses de su nacimiento. Haile, traducible como energía o fuerza. Y mucha fuerza se necesitaba en una aldea tan pobre y aislada. Nueve kilómetros para ir y regresar hasta el río, a primerísima hora, cuando el agua seguía limpia. Veinte kilómetros entre ida y vuelta hasta el colegio, cargando sus libros. Trabajo

en cultivos sin apoyo de maquinaria alguna y con pavor a las reprimendas de su papá en caso de hacerlo mal. Acelerones constantes para que no escapara ningún animal. Todo un entrenamiento con intervalos que lo marcaría.

A los 15 años desafió a su estricto padre al trasladarse a Adís Abeba para una carrera. Ahí comenzó una disputa, con Haile soñando con ser como su ídolo, el maratonista Abebe Bikila, y su papá prohibiéndole ese camino.

Un año después se mudó a la capital, supuestamente para enrolarse en el ejército, pero su hermano lo mantuvo para que pudiera dedicarse a correr. Sin haber entrenado nunca en forma ni conocer de metodología, enojó a los atletas consagrados al arrastrarlos en cada práctica. Exhibía una capacidad proverbial para devorar kilómetros, siempre con un rasgo peculiar: la mano izquierda pegada al cuerpo como si portara sus libros, tal como aprendió a correr al apurar hacia la escuela.

Con esos libros imaginarios contra el pecho, abriría una nueva era rompiendo récords por márgenes enormes: un minuto abajo el de maratón, medio minuto el de 10 mil metros, 20 segundos el de 5 mil metros.

Venían a su memoria, esas baterías escondidas con las que a los siete años supo que deseaba ser parte de algo llamado Juegos Olímpicos.

Oro en Atlanta 1996 y Sídney 2000 en 10 mil metros • 4 títulos mundiales en 10 mil metros • Rompió récords en 5 mil, 10 mil y maratón

KRISTIN ARMSTRONG

NUNCA ES TARDE

 Nació el 11 de agosto de 1973

Siempre volver a empezar. La mudanza llegaba inevitable cuando la chica por fin tenía amigas y se sentía integrada a una nueva cultura. Cada tres años los Armstrong cambiaban de ciudad, dependiendo del sitio al que su padre, el coronel William, fuese asignado por el ejército estadounidense.

Eso dotó de un carácter muy particular a su hija. Capacidad de adaptación reforzada por los ejemplos más férreos de disciplina y rigor.

En California, Italia o la isla japonesa de Okinawa, Kristin competía por naturaleza en futbol, natación y atletismo. Ni por trofeos ni buscando ser detectada como talento (algo inviable tan alejada del foco deportivo), sino por su incombustible afán de ser la mejor.

De acuerdo con la tradición familiar, lucía destinada a la milicia. A los 18 años sorprendió a quienes la conocían al modificar su rumbo. Regresaría al país al que pertenecía, pero en el que apenas había radicado, e iniciaría un camino universitario en Idaho donde además le ofrecían trabajo en un centro acuático.

Mientras que las nadadoras de su edad participaban en ese momento en Barcelona 1992, ella descubrió que no necesitaba de la presión de su estricto papá para crecer a cada entrada a la piscina. Como antes en Okinawa, como en el futuro, para rival le bastaban sus propios límites.

Tanto énfasis en nadar la llevó al triatlón y, eventualmente, a completar un *Ironman* en Hawái. Ahí la elogiaron los dirigentes olímpicos, disuadidos de inmediato al saber que Kristin ya pasaba de los 26 años: una pena, insistían, se le había escapado el tren deportivo. Como sea, intentó calificar a Sídney 2000 como triatleta hasta que le diagnosticaron osteoartritis y asimiló que ya no podría correr.

En Idaho contaba con un empleo estable y todo lo que quisiera, aunque decidió que nadie —ni su cuerpo con los incesantes dolores de cadera, ni la edad— le diría que no. Descartado el triatlón, ahorró para adquirir una buena bicicleta y usó sus vacaciones, ahora como agente de publicidad, para viajar a competir ya a puro pedal.

Su batalla era contra el tiempo y no sólo por la veteranía, también porque entrenaba muy de madrugada para no descuidar su trabajo. Dormía tan pocas horas y se exigía tantos kilómetros que hasta su padre, el estoico coronel, se espantó.

Clasificarse a Atenas 2004 con más de 30 años no la sació. Kristin debía ganar. ¿Vieja? Le quedaba energía para ser oro en los siguientes tres Olímpicos, de Beijing 2008 a Río 2016, primera ciclista de ruta en coronarse tres veces en la misma prueba, la última con 43 años.

Oro en contrarreloj en Beijing 2008, Londres 2012 y Río 2016 · 4 medallas en Mundiales entre 2005 y 2009 · La ciclista más veterana en ganar oro olímpico

PAULA RADCLIFFE

OLIMPO FUERA DE LOS OLÍMPICOS

 Nació el 17 de diciembre de 1973

La intención de la visita al bosque Delamere, en la localidad de Chesire, era que los niños se acercaran a la campiña inglesa y olieran flores. Paula, con apenas cinco años, insistía que le permitieran correr.

Poco después se enteró de que Charlotte, esa tía abuela a la que veía en fotos amarillentas y a la que apenas había conocido, fue medallista en natación durante los Olímpicos de Amberes 1920. Eso la llevó a la piscina, aunque al concluir que nadando no aspiraba a ser la mejor, buscó otra actividad.

La respuesta brotaría de la forma menos esperada. Al dejar de fumar, su padre había subido de peso. Por ello, Peter Radcliffe, directivo de una empresa cervecera, comenzó a trotar y sus hijos a darle agua a cada vuelta. Al cabo de unas semanas, Paula descubrió cuánto disfrutaba correr a su lado, sentir el viento en la cara, soltar su imaginación al apretar la zancada. Ahí desaparecía su timidez e incluso sus calificaciones en el colegio mejoraban.

Enamorado ya del atletismo, Peter participó en el maratón de Londres de 1985, ésa en el que la noruega Ingrid Kristiansen despedazó el récord mundial por tres minutos. Parada a unos metros de la meta, la pequeña Paula clamó convencida: "Voy a ser maratonista como mi papá y a romper ese récord".

Los Radcliffe se mudaron a Bedford, donde un matrimonio entrenaba a niñas. De entrada, Alex

Stanton no vio potencial en Paula, pero su esposa Rosemary le pidió que recapacitara. Esa rubia carecía del talento natural de las demás, aparte de que su rendimiento bajaba por padecer anemia y asma. Sin embargo, se esforzaba más de lo exigido y no paraba de fijarse metas.

Al notar la determinación de Paula, Alex le compartió una frase de Norman Vincent Peale que la acompañaría por siempre: "Apunta a la luna para que aun si fallas llegues hasta las estrellas".

Y hacia las alturas se dirigía la ya adolescente Radcliffe, consiguiendo titularse en estudios europeos, a la par de estudiar alemán y francés, sin dejar de entrenar cinco horas diarias y completar 260 kilómetros por semana.

Lo suyo con los Olímpicos comenzó en Atlanta 1996 y no tuvo el final merecido. Lesiones inoportunas, traiciones de ese cuerpo que cuidaba como sofisticada máquina, fatídicas circunstancias.

La medalla olímpica como la de su tía abuela Charlotte no fue posible para una de las mejores atletas de la historia, mas la frase de su entrenador sí: apuntando a la luna, Paula tocó las estrellas. Tres veces destrozó el récord mundial de maratón, una de ellas por tres minutos. Justo como prometió a los 11 años, mientras observaba a Kristiansen.

Mejoró 3 veces el récord mundial de maratón · Campeona mundial de maratón en 2005 · Olímpica en 1996, 2000, 2004 y 2008

VALENTINA VEZZALI

LA COBRA ITALIANA

 Nació el 14 de febrero de 1974

Capturado el soldado italiano Ezio Triccoli por el ejército británico en la Segunda Guerra Mundial, tardó varios días en comprender que lo habían trasladado al campamento de prisioneros de Zonderwater, en Sudáfrica.

En la incertidumbre de si volvería a pisar la localidad italiana de Iesi, a unos kilómetros del mar Adriático, se topó con un oficial inglés que pretendía acabar con el tedio impartiendo lecciones de esgrima.

Así, Ezio sostuvo por primera vez el florete. Así, construiría espadas y máscaras con cuanto desperdicio encontraba arrumbado cerca de su celda. Así, cambiaba la historia de este deporte.

De regreso en casa fundó una academia de esgrima de la que, al paso de las décadas, surgirían más de 20 medallas olímpicas… pero no nos adelantemos, porque antes debió consumarse otra casualidad.

A unos meses de que naciera la menor de sus tres hijas, a la que llamaría Valentina, Lauro Vezzali recibió de la fábrica en la que trabajaba la oferta de transferencia a la pequeña Iesi. Eso permitió que, seis años después, esa chica fuera inscrita en la escuela de Ezio.

Una niña de apariencia tan pálida y quebradiza que la mayoría deseaba enviarla al médico, hasta que el maestro Triccoli hizo sonar su voz: "Nada de preocupaciones, es mucho más fuerte de lo que

ustedes pueden ver, es un talento único, déjenmela y la pondré en Olímpicos".

Año con año se iba confirmando la profecía de Ezio. La Valentina que lucía insegura y callada se convertía en otra persona en cuanto se colocaba la máscara, al grado de ser apodada *La Cobra* por rápida, hábil, inteligente y precisa.

En esa academia desarrolló una férrea rivalidad con Giovanna Trillini, cuatro años más grande, duelo que llegaría hasta la final de unos Olímpicos: dos jóvenes nativas de la misma Iesi, dos discípulas del ya fallecido patriarca Ezio, llevando su pugna a Atenas 2004 con el oro en disputa. Como sucedió desde que Valentina cumplió 14 años, cuando por primera ocasión derrotó a su némesis e inspiración, en la capital griega se impuso a Giovanna.

Trayectoria y mentalidad a prueba de todo: a los pocos días de la muerte de su padre, Vezzali se consagró campeona juvenil entre lágrimas; a unos meses de fracturarse la rodilla, volvió para conservar su título mundial; a unas semanas de tener un hijo, reapareció para elevarse a mejor esgrimista de la historia.

En los viejos barracones de Zonderwater está la semilla de esa gloria. Sin embargo, si se considera el alma competitiva de Valentina, es de esperarse que hubiese terminado por ganar en lo que eligiera.

6 oros, 1 plata y 2 bronces entre Atlanta 1996 y Londres 2012
26 medallas en Mundiales • Abanderada italiana en Londres 2012

JEFFERSON LEONARDO PÉREZ

VOLAR CON LAS PIERNAS

 Nació el 1 de julio de 1974

Con palabras escuetas, su padre, el militar Manuel Jesús, pidió a Nardo que lo acompañara al techo de su vecindad para contemplar un avión. "Cuando crezcas serás soldado aviador y volarás en defensa de la patria ecuatoriana".

Por ello desaprobó al saber que su hijo lustraba zapatos para ganarse unas monedas: todo debía ser estudio. Si deseaba trabajar, sólo podía hacerlo en el mercado ayudando a su madre a acarrear sacos de verduras. Ese mismo mercado en el que Nardo pasara sus primeras semanas desde una caja de cartón transformada en cuna.

Sin embargo, un accidente lo dejó sin padre. Para colmo, su madre, Lucrecia, cada vez veía peor a causa de una enfermedad y no faltaba el estafador que le mentía sobre el valor del billete entregado.

Hubo veces en las que por cena nada más había lechuga y en las que mamá apenas bebía un té.

Constantemente se mudaban de casa alejándose cada vez más del centro de Cuenca, y en cuanto a ropa los cuatro hermanos Pérez nunca estrenaban: conforme crecían traspasaban la ropa al siguiente.

Mientras seguía con sus estudios, Nardo también vendía periódicos, caminando hasta ocho kilómetros por tarde y volviendo tan adolorido que Lucrecia le untaba mentol.

Trabajar a la vez que estudiaba hizo que priorizara las materias que le parecían más relevantes y faltara a la que menos le importaba, que era cultura física. Ante eso, su maestro le exigió efectuar una carrera de larga distancia para no reprobarlo. De mala gana, Jefferson descubrió a los 14 años que esas extenuantes jornadas distribuyendo diarios habían fortalecido sus cortas extremidades.

Tras ganar esa competencia que realizó con desdén, comenzó a entrenar de manera formal y a medir las posibilidades de un cuerpo que respondía de maravilla a su gran disciplina. A los 16 años ya conquistaba bronce en el Mundial juvenil y dedicaba la medalla a ese militar que le exigiera volar: a su manera, Nardo defendía a Ecuador desde las alturas.

Antes de viajar a Atlanta para los Olímpicos de 1996, Nardo observó la inauguración sentado en el piso por no tener muebles en casa. Lucrecia lo tomó por la espalda, asegurándole que ese evento era suyo, que cumpliría su sueño, abrazo que le sostuvo cuando, días después, casi se desvanece a unos metros de la meta. Cuando volvió a la realidad de un estadio que lo vitoreaba, el huérfano que no tuvo tiempo para maldecir su suerte, el niño que vendía periódicos para asistir a su madre invidente, el atleta que llegó al deporte para aprobar curso, era campeón olímpico y daba a Ecuador su primera medalla.

Oro en marcha 20 km en Atlanta 1996 y plata en Beijing 2008 ◆ 3 oros y 1 plata en Mundiales de atletismo ◆ Único deportista de Ecuador con medallas olímpicas

KRISZTINA EGERSZEGI

LA RATONCITA EN EL TRONO

 Nació el 16 de agosto de 1974

Entre la penumbra de las cuatro de la madrugada y la bruma del invierno húngaro, resultaba imposible reconocer la silueta del Castillo de Buda a unos metros de su casa.

A esa hora Krisztina era recogida por su entrenador, abriendo una pesada jornada. Se dirigían a la piscina para su primera práctica, tras la cual acudía a la escuela y luego de nuevo a nadar.

Cada despertar le era más difícil dejar la cama que el anterior y a cada sesión la exigencia crecería hasta sobrepasar los 80 kilómetros por semana. Para cuando pisaba el salón de clases a las ocho y los demás niños se estiraban con bostezos, la chica de cabello corto llevaba varias horas activa.

En un barrio de Budapest bautizado en honor de la princesa Krisztina (Krisztinaváros), se sembraban con tan extenuante rutina las semillas para el reinado de esta otra portadora de ese nombre. Siempre con un instante para juguetear con su hermana a que era campeona y cantaba su himno.

A los cuatro años había descubierto las brazadas sin sospechar lo que se desataría al cabo de una escasa década. Por un momento sus padres pensaron que su camino se desviaría hacia la gimnasia, aunque las dudas se despejaron en una visita a la isla Margit, vecina a casa. Ahí, Krisztina asomó a ese río Danubio del color de sus ojos y concluyó que lo suyo era mover su cuerpo de espaldas al agua.

Poco antes de la adolescencia surgió un problema: esa nadadora apodada *Egèrke* (ratoncita en húngaro, juego de letras por su apellido Egerszegi), todavía no tenía los años requeridos para competir a nivel juvenil. Así que la inscribieron en categoría abierta, frente a rivales que le doblaban la edad.

Viajó a Rumania para su debut internacional, asegurándose de empacar su muñeca favorita. Con ese amuleto reposando en su habitación de hotel, se coronó justo el día de su cumpleaños 12: sonaba el himno que entonara en sus fantasías infantiles.

Lo siguiente eran los Olímpicos de Seúl 1988. A su alrededor todo era tensión, pero Krisztina, recién celebrados sus 14 años, jugaba escondidillas y aprovechaba una distracción de su entrenador para encerrarlo en el balcón.

Pesando 20 kilogramos menos que la nadadora más liviana y midiendo 15 centímetros menos que sus principales opositoras, parecía como si una niña se hubiese escapado del colegio para colarse en el carril de salida.

Minutos después se inmortalizaba una narración en la televisión húngara: "¡Vamos, ratoncita! ¡Vamos, pequeñita! ¡Vamos, ratoncita!": campeona olímpica con récord incluido, su reinado sobre el dorso se prolongaría por otros dos Juegos.

5 oros, 1 plata y 1 bronce entre Seúl 1988 y Atlanta 1996 ⬥ Mejor nadadora de dorso de la historia ⬥ 3 veces nadadora del año (1991, 1992 y 1995)

SIR CHRIS HOY

E.T. EN EL VELÓDROMO

 Nació el 23 de marzo de 1976

Cada viernes se repetía la rutina en esa casa de Edimburgo. Antes de irse al hospital para su turno nocturno como enfermera, Carol empacaba unos sándwiches, al tiempo que David, recién llegado de trabajar en la construcción, revisaba mapas de carreteras y aferraba un colchón a su coche.

Antes de amanecer el sábado, David trasladaba a su hijo Chris a sus competencias de ciclismo BMX en cualquier punto de la Gran Bretaña.

Esa pasión había comenzado cuando Chris tenía seis años. Al ver la escena de la película *E. T.* en la que unos niños pedalean ante la luna, pidió a sus padres una bicicleta.

David y Carol le dieron la mitad del dinero, instándolo a trabajar para pagar el resto, que aprendiera a luchar por lo que deseaba. Días más tarde le alcanzó para una bicicleta usada, sólo que era de niña y estaba algo maltratada. Esa noche, David la pintó de negro y le arregló los manubrios. Carol, en ese momento en el hospital, no se imaginaba que la mesa de su cocina se había transformado en un taller mecánico. Así comenzó la historia.

Chris construyó rampas con tablones y ladrillos en su jardín trasero, para subir y bajar como había observado en *E. T.*

Pese a que por años David lo llevó a cualquier ciudad y reparó su bicicleta a cada percance, el muchacho no conseguía ser el mejor en ciclismo BMX. La tentación de dejar la bicicleta fue grande, sobre todo porque disfrutaba también del remo, en el que representó a Escocia a nivel infantil, y el rugby, soñando con convertirse en capitán de su selección.

Entonces recordó la emoción de las carreras en velódromo que presenció en los Juegos de la Commonwealth disputados en Edimburgo y decidió enfocarse en ciclismo de pista, convencido de que ahí hallaría la perfección.

Entrenó 35 horas a la semana, renunció a distracciones, cuidó su dieta al máximo, se graduó con honores en la Universidad de Edimburgo en ciencias aplicadas al deporte. Exhausto y con las piernas adoloridas, ni se le ocurría quejarse; en su mente estaban los viernes en que papá, agotado por la semana laboral, utilizaba sus días de reposo para conducir miles de kilómetros por él; o las noches en vela de mamá, tan destacada como enfermera que fue condecorada por la reina británica.

En Atenas 2004 logró su primer oro olímpico, con tan particular tino que esa prueba, un kilómetro contrarreloj, fue retirada para Beijing 2008. Lejos de lamentarlo, Chris Hoy se aventuró a otras competencias de velódromo. En ellas, el niño escocés que se inspiró en *E. T.* volaría a la luna conquistando otros cinco primeros lugares.

6 oros y 1 plata entre Atenas 2004 y Londres 2012 • Mejor ciclista de pista de la historia • Condecorado por la reina Isabel II como *sir*

GEORGETA DAMIAN

SIN MIEDO AL AGUA

 Nació el 14 de abril de 1976

Parecía contradictorio. Desde que era una criatura de pinta debilucha, Geta solía nadar por el río Sitna y por la presa Iazul Dracșani pegados a su pueblo en la frontera rumana con Moldavia. Lo hacía con tal frecuencia que los pescadores ya estaban acostumbrados a su sonriente presencia.

Sin embargo, cuando a los 13 años la invitaron al programa de remo en Bucarest, su madre le negó el permiso. El agua significaba tragedia y peligro en la cabeza de esa mujer llamada Alina, recordando que su hermano se había ahogado de niño.

Geta no se encontraba en la escuela aquella mañana en la que pidieron que los alumnos se alinearan ante el buscatalentos. Como sea y pese a que le faltaban unos centímetros para alcanzar la estatura de 1.75 que se marcó como requisito para las chicas, el director sugirió al experto que la conociera.

Ella no entendía nada de remo, apenas tenía una mínima imagen de la también rumana Elisabeta Lipa con sus medallas en Seúl 1988, pero la simple mención de Bucarest sonaba irrechazable.

Alina recolectaba leña en el bosque cuando comprendió que algo sucedía con su hija. Todavía cargando madera entró al colegio y clamó escandalosamente que no. Geta lloró en silencio, sin atreverse a contradecir a su mamá. El resto de las seleccionadas se trasladaron a la capital, mientras que ella se quedaba en Dracșani.

Pasaron unas semanas hasta que Alina recapacitó. Desde entonces iría a la iglesia la noche previa a cada competencia y no para rezar por triunfos, sino por su integridad física.

Geta subió al tren sabiendo que un personaje moreno y con bigote la recogería a su llegada. Se trataba de Nicolae, el entrenador con el que, cómo creerlo, ascendería al Olimpo.

Fue instalada en un barracón militar. Amor a primera vista, sólo tomar los remos surgió un flechazo. Los tomó con la obediencia que mostraba hacia sus padres y el sacrificio de la vida de campo que conocía, aunque tras las sesiones le costara caminar, aunque le sangraran las manos en ampollas eternas, aunque descubriera dolores inconcebibles.

Al cabo de dos años de dedicación total empezó a ganar medallas en Mundiales. En ese momento definió a Nadia Comăneci como su modelo. Si su compatriota hizo posible la perfección en la gimnasia, ella lucharía por ser perfecta sobre una embarcación.

Curioso su viaje desde la frontera moldava, con escalas doradas en tres continentes (Sídney en Oceanía, Atenas en Europa, Beijing en Asia) para transformarse en una de las mejores remeras de la historia. Vencido como rival el miedo de mamá, no hubo obstáculo que la frenara.

5 oros y 1 bronce entre Sídney 2000 y Beijing 2008 • 11 medallas en Mundiales entre 1997 y 2007 • Conforma la trilogía de oro rumana con Comăneci y Lipa

ALEXEI YÚRIEVICH NEMOV

DEL REBELDE AL ARTISTA

 Nació el 28 de mayo de 1976

Aunque los departamentos comunales eran habituales en la Unión Soviética, los conflictos resultaban tremendos entre las familias que compartían un hogar: cada matrimonio con sus hijos en un cuarto, al tiempo que cocina y baño eran para uso general.

Al mudarse a Toliatti, Nadezhda fue instalada en un recinto de ese tipo, lo que la obligó a defender a su hijo, Alexei, de las otras dos familias, mucho más numerosas, que vivían con ellos. Sólo marcando límites e incluso llegando a los golpes, podía cuidar a ese pequeño al que llamaba por el diminutivo Alyosha.

Atrás había quedado aquella casucha de madera a 500 kilómetros, en el pueblo de Barashevo, de horribles recuerdos. Ahí había sido encarcelado el padre de Alyosha, aunque por años Nadezhda le inventara que estaba en un hospital. Si cuando lo arrestaron le llevaban comida que a ellos mismos no les alcanzaba, al ser liberado fue peor. Todo lo que Alyosha soñaba para cuando volviera papá se desvaneció con su excesivo consumo de alcohol y violencia desatada contra esposa e hijo.

Alexei deseaba jugar futbol o hockey sobre hielo, pero mamá pensó que le haría mejor la gimnasia. A los cuatro años no fue aceptado en ese deporte por su edad. Un par de años después, la misma entrenadora que lo rechazó visitó varias escuelas en busca de talento infantil y, sin recordarlo, lo eligió.

Explosivo, rebelde, peleonero, renuente a permitir cercanía a los demás, era complicado guiarlo. Su elegancia y elasticidad ya resultaban notables, aunque muchas veces fue echado del equipo, con Nadezhda corriendo desde su empleo para pedir que lo perdonaran. Para entonces su padre estaba muy lejos, lo que era preferible para ese Alyosha que, sin embargo, estaba en tan malos pasos que recogía colillas de cigarro de la basura para ponerse a fumar.

Con mucho trabajo, su entrenador encontró la forma de que sacara toda su furia en las rutinas gimnásticas. Su evolución obligó a que con 14 años durmiera ya en la academia de gimnasia, visitando a su mamá apenas un par de veces al mes. Justo cuando adquiría cuerpo para defenderla, le era imposible estar con ella.

Su rutina era de máxima exigencia: tres sesiones diarias, con su espalda adolorida a cada amanecer y ninguna distracción. Ahí le entregaban vales de comida, mismos que vendía para llevar a su madre esos pocos rublos.

Con la URSS desmoronada y Nemov consagrado en 1996 como el primer gran deportista de la nueva Rusia, ese departamento comunal quedó en recuerdos. Los sacrificios de Nadezhda, la rebeldía de Alyosha, también.

12 medallas entre Atlanta 1996 y Sídney 2000 ⬩ 5 oros en Mundiales
⬩ En Atenas 2004 le fue quitada una medalla por una absurda calificación

LUCIANA AYMAR

REINA LEONA

 Nació el 23 de marzo de 1977

Inconsciente de los peligros de subir a coches de desconocidos, con urgencia de volver para un partido con su club en Rosario tras entrenar con la selección en Buenos Aires, Lucha preguntó a su compañera: "¿Y si hacemos dedo?" Con esa expresión argentina aludía a irse en autostop, ya que el autobús tardaba demasiado.

Por fortuna fueron recogidas por una persona de bien, un conductor intrigado por su bultoso equipaje y por el extraño juego al que esas chicas de 20 años se dedicaban. ¿Raquetas, cañas de pescar, bastones de golf? No, eran palos para hockey sobre pasto, un deporte que, por culpa de la más delgadita de las dos, pronto sería el orgullo de Argentina.

Hija de padre tenista y madre profesora de educación física, Lucha relucía en cuanta disciplina ofrecieran en el barrio rosarino de Fisherton: natación, tenis, patín, danza clásica o ese hockey que preferiría por encima de los demás sólo por ser en equipo.

Pícara e irresistible, de pequeña vendía a sus vecinos limones y naranjas que antes había arrancado de sus propios árboles. Así como al paso del tiempo, con esa misma cara inofensiva y tierna consumaría los mayores engaños sobre el césped, desplazando a increíbles velocidades la pelota o bocha. Trucos que, en ocasiones, vio ejecutar en el futbol a su ídolo Maradona y adaptó al hockey. Ahí iba Lucha driblando artefactos o muebles por la sala de su casa, que luego sustituiría por rivales que la doblaban en peso.

A los 14 años, incansable e insaciable de hockey, competía con dos horas de diferencia tanto con las menores de 19 años como con la categoría abierta. Tan menudita que las contrincantes temían lastimarla, hasta que se les escapaba por enésima vez como si estuviera hecha de una mezcla de plastilina y mantequilla, con la pelota pegada al palo.

El legado de Lucha, que sería apodada *La Maga*, puede medirse con los ocho años que la eligieron mejor del mundo, con sus cuatro medallas olímpicas o con el consenso que la señala como máxima leyenda del hockey sobre pasto. Aunque, también, con su impacto. La adolescente que se despertaba los lunes a las dos de la madrugada para llegar a practicar puntual con su conjunto nacional, esa que cometiera la imprudencia del autostop, propició que se elevara exponencialmente la cantidad de niñas que hoy juegan hockey en Argentina.

Si a su selección se le quedó el aguerrido mote de Leonas, fue en gran proporción por Luciana Aymar. Reina leona ágil, majestuosa y felina a cada lance.

2 platas y 2 bronces entre Sídney 2000 y Londres 2012 ◆ Campeona del mundo en 2002 y 2010 ◆ 162 goles en 376 partidos con Argentina

KERRI WALSH JENNINGS

UNA TORRE ANTE LA RED

 Nació el 15 de agosto de 1978

Cuando esa mañana de enero de 2001 el sol emergió sobre el mar en Huntington Beach, algo especial brotaba de sus rayos. Amanecer en el que la costa californiana se pintaba de rosa antes de adquirir su tradicional color oro.

Ese día, Kerri fue invitada por una chica que fuera su rival en etapa colegial, Misty May, a probar el voleibol de playa. Tres meses atrás, las dos terminaron frustradas en Sídney 2000: Kerri por perder el duelo por el bronce en el voleibol convencional; Misty por quedar sin medalla de voleibol de playa por una lesión.

La altísima Kerri (1.91 metros) había sido en sus inicios dos veces elegida al All American Team, como una de las mejores amateurs del país, acumulando innumerables campeonatos siempre bajo techo, lejos de las olas. Desde niña había asumido que la arena, a sólo media hora de su casa en Santa Clara, también en California, era para relajarse y no para practicar deporte.

Eso cambió en los Olímpicos de Sídney. Al fracasar los sueños de podio de las dos, los padres de Misty se acercaron a los de Kerri para sugerirles que sus hijas conformaran una pareja, como si se tratara de dos criaturas de preescolar a las que buscaran con quien divertirse. Ante la propuesta, la primera reacción de Kerri sería inolvidable: la que iba a convertirse en la voleibolista de playa más laureada de la historia argumentó que no le interesaba lucir como una tonta saltando sobre la arena.

Como sea, tras mucha insistencia, se encontraron en Huntington Beach y enfrentaron a manera de prueba a una pareja varonil. Nació, como por empecinamiento del destino, la mejor dupla.

Misty había crecido rodeada por figuras deportivas, dado que su papá compitió en voleibol en México 1968. Por ejemplo, el legendario Karch Kiraly, ganador de tres títulos olímpicos en voleibol, la cargaba cuando era pequeña. Eso de ninguna forma le significó una infancia sencilla. Más tarde se sabría que se crio afectada por las adicciones de sus padres y que halló un escape a tanto dolor en sus vuelos para evitar que la pelota picara.

Once años después de aquel ensayo, cuando Kerri comprendió que no lucía tonta sino imponente, habían obtenido juntas su tercera medalla de oro. Era Londres 2012 y, visto su arrollador desempeño, nadie sospechaba que Kerri estaba embarazada. ¿Quién era su esposo? Para entender la magia de aquella mañana de 2001 en Huntington Beach, uno de sus rivales para el experimento como pareja de Misty May. La torre que no jugaba en arena conoció ante las olas, y al mismo tiempo, tanto a su media naranja olímpica como a la sentimental.

MINGXIA FU

EL RESPLANDOR DE UNA NIÑA

 Nació el 16 de agosto de 1978

Unos días antes del año nuevo chino, celebrado con el Festival de la Primavera, Yijun andaba en bicicleta por la ciudad de Wuhan, cuando notó el anuncio callejero de una academia de gimnasia.

Concluidas las vacaciones, inscribió a sus hijas pensando que se beneficiarían del deporte. La mayor destacó de inmediato; la menor, llamada Mingxia, de sólo cuatro años, fue rechazada por falta de elasticidad. Le sugirieron probar clavados, algo raro para una niña que ni siquiera sabía nadar.

Al salir del trabajo, Yijun enseñaba a Mingxia a moverse en el agua, diciéndole con risas que dejara de ser un pato seco. Empezaron en la piscina pública y luego siguieron en el río más largo de Asia, el Yangtsé. Todavía no nadaba perfecto cuando se presentó con el entrenador, así que sus primeros clavados serían atada con una cuerda a su cintura, extraño método de seguridad.

Al subir a la plataforma de 10 metros, quiso regresarse, pero la principal regla de esa escuela lo prohibía. Se lanzó y, para su sorpresa, le gustó.

No ser un talento natural la obligaba a esforzarse más que las demás. Al serle señalada su reducida fuerza, su madre se sentaba sobre sus piernas estiradas para que incrementara su musculatura.

Con 10 años fue invitada a continuar con su desarrollo en Beijing, limitando sus visitas a casa a dos por año. Cada que competía cerca de Wuhan, deslizaba sus ojos por las gradas buscando ansiosa a sus papás. En la capital realizaba la cantidad indicada de clavados y ensayaba saltos de dificultades nunca ejecutadas, además de un elemento que la blindaría: practicar bajo circunstancias extremas, fuera con una tormenta amenazando su equilibrio o el frío atenazando sus huesos.

La chica cuyo nombre se traduce como "resplandor del amanecer", iluminaría su deporte. Apenas dos años después de mudarse a Beijing, ya era la clavadista de menor edad en coronarse en un Mundial. Idéntico récord en Olímpicos, antes de los 14 años ya reinaba en Barcelona 1992.

Atlanta 1996 se planteaba como un problema por el cambio de su cuerpo de los 13 a los 17 años. Pesando veinte kilos más, se quedó el oro en plataforma y trampolín.

Se retiró harta y recelosa de todo lo relativo a clavados. Sin embargo, cuando se aproximaba Sídney 2000 se propuso ganar a su manera: disfrutando de una vida más allá de la alberca, tomando decisiones, viendo a su familia si le apetecía. Por ello, esas dos nuevas medallas tuvieron otro sabor.

La pequeña que comenzó por aventarse amarrada a una cuerda había triunfado sin atadura alguna, al fin en libertad.

---

4 oros y 1 plata entre Barcelona 1992 y Sídney 2000 · La clavadista más joven en ganar Olímpicos (13 años) · Campeona del mundo a los 12 años

REBECCA ROMERO

REMOS, PEDALES Y ORO

  Nació el 24 de enero de 1980

Ni niña prodigio del deporte, ni superpoderes detectados en la primera infancia, ni arduos entrenamientos tras el colegio, ni el menor indicio de que esa chica inglesa de papá español apuntara a una actividad atlética.

Tras pasar sus primeros años en la isla de Mallorca, Rebecca se instaló con su mamá y su hermana menor en una pequeña localidad del sur de la Gran Bretaña. Tenía seis años y sus padres se habían divorciado.

Rodeada por compañeras adineradas que habitaban mansiones en la aristocrática Surrey, Becks vivía en una de las casas cedidas por el gobierno a las familias más necesitadas. Beverly, su madre, cubría varios empleos a la vez para pagarle clases de violín y piano. Consciente de las carencias, desde los 13 años la niña apoyaba a la economía del hogar repartiendo periódicos.

Al cumplir 17 años, no se le había ocurrido que esa estatura superior al 1.80, por la que escuchaba tantas bromas, podía beneficiarle en algún deporte.

Fue al mudarse a Twickenham, en la periferia de Londres, cuando Rebecca consideró que quizá le haría bien no limitarse a los instrumentos musicales y moverse un poco. Una rápida búsqueda en las páginas amarillas le mostró que, dada la cercanía al río Támesis, el remo era lo más accesible en su nuevo barrio.

Así tocó por primera vez los remos a una edad en la que los profesionales ya están consolidados. Sin embargo, su empeño y afán de mejora eran tales que, después de dos semanas, un entrenador asumió que seguramente llevaba diez años en esa actividad. Al enterarse de que Rebecca apenas iniciaba no dio crédito.

Juntos lograron algo jamás visto: en ocho meses la aprendiz ya era seleccionada juvenil y en seis años conquistaba la medalla de plata en Atenas 2004, aunque existía un problema: que para ella una plata ganada significaba, más bien, un oro perdido; que si alguien no temía estrenar una nueva disciplina, era quien dominó otra en tan poco tiempo; que, titulada en ciencias aplicadas al deporte, sus análisis le indicaban que en remo no alcanzaría lo más alto.

Becks, determinada como nadie, tomó una decisión que cimbró a Inglaterra: se retiraba del remo a fin de cambiarse al ciclismo; más valía empezar de ceros que resignarse a no tener una presea dorada. De inmediato se mudó a un departamento en Mánchester situado frente al velódromo, para mañana, tarde y noche pedalear sin tregua. Cuatro intensos años hasta los Olímpicos de Beijing, cerrados como sólo Rebecca Romero admitía: con el oro rebotando contra su corazón.

Oro en ciclismo en Beijing 2008 • Plata en remo en Atenas 2004 • Campeona mundial en remo (2005) y ciclismo (2008)

YELENA GADZHÍYEVNA ISINBÁYEVA

LA ZARINA ALADA

 Nació el 3 de junio de 1982

Contrario a lo que deseaban sus amigas al ser medidas en el instituto, Lenochka rogaba que sus piernas no siguieran alargando. El sueño de ser campeona olímpica en gimnasia dependía de no adquirir mayor altura y, desde la primera adolescencia, su cuerpo no paraba de crecer.

A los cinco años, su madre la había llevado, junto con su hermana Inna, a una academia de gimnasia artística pegada al río Volga. Hipnotizada por la armonía de la gimnasia rítmica con listones y aros, pronto Yelena suplicó ser cambiada, pero resultaba imposible. Para una mujer que compaginaba empleos entre una planta de calefactores y una tienda, no existía forma de transportar a sus hijas a dos sitios. Así que Lena se quedó en gimnasia artística, para orgullo de su padre: un bigotón, perteneciente a un pequeño grupo étnico de religión musulmana, emigrado de la región de Daguestán para trabajar como plomero en Volgogrado.

Fruto de una mezcla, Lenochka cautivaba con el cabello oscurísimo de papá y los ojos azules de mamá, además de su posición erguida y sonrisa. En especial gozaba de los ejercicios de piso y la rutina de caballo, motivada por su madre de dos maneras: una, organizando competencias nocturnas entre las hermanas; otra, al reiterar que un habitante de Volgogrado, ciudad que resistiera al

nazismo cuando se llamaba Stalingrado, no podía darse por vencido.

Al cumplir 15 años, sucedió lo que Yelena se temía: con más de 1.70 metros, la excluyeron de la gimnasia. Incierta y decepcionada, quiso probar salto con garrocha, mas el entrenador se negó a enseñar a una chica, considerando que esa disciplina aún no ingresaba al programa olímpico en rama femenil.

Tras mostrar cuánto le serviría lo aprendido en gimnasia, la plasticidad y acrobacia, la aceptaron. Seis meses más tarde se coronaba en los Mundiales Juveniles y se emocionaba al enterarse de que en Sídney 2000 al fin volarían las mujeres con pértiga.

En 2003, cinco años después de haber saltado con garrocha por primera ocasión, el récord mundial era suyo. Si Niké fue la diosa griega de la victoria y tenía alas, en 2004 Yelena Isinbáyeva se elevó cual Niké por los cielos de Atenas para el oro olímpico.

Insaciable y ambiciosa, sacrificándose al entrenar tanto como sus padres cuando alternaban tres empleos, dispuesta a sufrir como digna heredera de la vieja Stalingrado, la mejor pertiguista de la historia rompería el impensable límite de los cinco metros.

Su estatura no resultó una barrera: Lenochka bordó gimnasia en los aires. Y rítmica, como siempre pretendió, bailando con la pértiga en lugar del aro.

2 oros y 1 bronce entre Atenas 2004 y Londres 2012 · Invicta entre 2003 y 2009 · 2 veces mejor atleta del año (2007 y 2009)

NATALIE COUGHLIN

DE DORSO AL OLIMPO

 Nació el 23 de agosto de 1982

Tres cuartos de hora antes del entrenamiento, Natalie llegaba a la piscina sosteniendo una bebida caliente. No importaba que la sesión iniciara siempre a las seis de la mañana, le gustaba sentarse ahí tan temprano, con tiempo para repasar la jornada previa y visualizar la que estaba por nadar, para analizar sus registros y redefinir metas, para estirar sus músculos y centrar su mente.

Ya sabía que el calentador del agua no funcionaba, así que prefería meterse con su organismo en cierta tensión, a lo que contribuía que ella se ocupaba de enrollar la pesada cubierta de la alberca.

Había empezado a nadar por precaución, con apenas 10 meses, cuando sus padres se mudaron a una casa con chapoteadero y evitaron riesgos cerciorándose de que su hija tuviera recursos básicos para flotar. Desde entonces no paró. A los nueve años, al padecer una bronquitis, el médico pensó que se había confundido de radiografía al notar su capacidad pulmonar: era una predestinada en términos respiratorios, lo mismo que en su flexibilidad de contorsionista; no así, hablando de estatura, hasta 15 centímetros menos que sus rivales.

Nacida de madre filipina y padre estadounidense, todos en su familia comprendieron que Natalie venía con nado integrado. Vacacionaban donde hubiese piscina porque la chica no se permitía descansos. La tarea escolar la efectuaba a menudo en el coche, de camino a entrenar.

A los 15 años tomó celebridad al ser la primera en calificar a las 14 pruebas en los campeonatos nacionales, con especial hegemonía en dorso, aunque pronto sufriría un enorme revés: perderse Sídney 2000 por una lesión de hombro, quizá producto de sobrecarga.

Decidió que ya odiaba la natación. Se arrepintió por los años que le había regalado, por esa infancia sacrificada al deporte. Si antes de aceptar volver lloraba fuera del agua por coraje, después lloraría dentro pero por los dolores de ese hombro que la torturaba. Le urgía un cambio y más porque, luego revelaría, su entrenador utilizaba palabras ofensivas para referirse a su cuerpo.

Sólo conocerla, su nueva preparadora se impactó al verla absorber en automático las correcciones: si los codos, si la posición, si la agresividad de la brazada, si el ritmo de respiración, bastaba con que se le indicara una vez para que de inmediato lo asimilara.

En Atenas 2004 nadó como si debiera hacerlo por esos Juegos y por los de Sídney, derrama de medallas que continuó hasta Londres 2012.

Su rutina no se modificó. Natalie siguió llegando a la piscina a las 5.15 de la mañana.

3 oros, 4 platas y 5 bronces entre Atenas 2004 y Londres 2012
Mejoró 5 veces el récord de 100 metros dorso
Primera en nadar 100 metros dorso en menos de un minuto

SIR MOHAMMED FARAH

EL REFUGIADO CONVERTIDO EN NOBLE

 Nació el 23 de marzo de 1983

Al otro lado de la frontera, a 20 minutos en coche, el estruendo de metralla resonaba permanente: la Guerra Civil de su natal Somalia recrudecía.

Sin embargo, en Yibuti, donde los Farah se habían refugiado desde 1985, la vida fluía divertida, más cuando rodaba el balón. Los gemelos Mohammed y Hassan nunca compartían equipo por ser los mejores.

Ni a la hambruna predominante en esa región, el llamado Cuerno de África, ni a los sangrientos conflictos que asolaban a sus países vecinos, los mellizos sólo temían al profesor que golpeaba con una caña a quien desobedeciera.

Su padre tenía ya un tiempo alejado, empleado de nuevo en Londres donde había nacido. Así que cuando se intuía una nueva guerra en Yibuti, los Farah programaron su mudanza con él a Inglaterra. Ante el inminente cambio, Mohammed se tranquilizaba con ver cerca a ese hermano con el que hasta su abuela lo confundía. Poco antes del vuelo, Hassan enfermó y fue dejado con unos familiares. La idea era regresar pronto por él, pero al hacerlo no lo encontraron por mucho que preguntaron aldea por aldea. Así, la vida británica de Mo inició rota.

Todo era distinto. El clima opuesto al calor del desierto, los hábitos, la ropa de las mujeres, las calles sin camellos y, por si faltara, un idioma del que no sabía palabra.

En su primer día de clases, en un colegio de chicos blancos, recibió una golpiza que le moreteó el ojo. No podía más que detestar Londres y buscar en el sonido de la lluvia algo que devolviera su mente a los partidos sobre tierra en Yibuti, a Hassan.

Al observarlo correr tras el balón, el profesor Alan Watkinson le sugirió practicar atletismo. Como motivación utilizó el futbol: si entrenaba, le daba media hora libre para jugar; si se esforzaba, le regalaba una pelota; si ganaba, un uniforme.

Al notar que, en su primera carrera de campo traviesa, Mo perdió por desconocer el trayecto y esperar rivales para seguirlos, Alan pasó de enseñarle educación física a inglés. Paciente le explicaba los verbos, la pronunciación y el vocabulario para que no lo molestaran.

Ya en la adolescencia, vendió hamburguesas para comprar sus primeros *spikes* y pagarse los traslados. Conforme progresaba como fondista, olvidaba su viejo deseo de ser extremo del Arsenal.

Cuando fue citado a competir en el extranjero, no pudo viajar por carecer de documentos y un amante del deporte donó el dinero para que consumara los trámites.

Años después, ponía a sus pies esa misma ciudad que le fuera hostil, con dos medallas de oro en Londres 2012. Para entonces, Hassan, su alma gemela, ya había aparecido.

Oro en 5 mil y 10 mil metros en Londres 2012 y Río 2016 • 6 oros y 2 platas en Mundiales entre 2011 y 2017 • Condecorado como *sir* por la reina Isabel II

CATERINE IBARGÜEN

LA PANTERA NEGRA

 Nació el 12 de febrero de 1984

Difícil hacer entender a esa chica de nueve años que no había sido abandonada, que vivía en casa de la abuela Ayola porque sus padres no tuvieron más opción que escapar de la pequeña localidad de Apartadó al norte de Colombia.

William, su papá, se refugió en la vecina Venezuela al ser amenazado de muerte si no se integraba a los grupos armados. Francisca, su mamá, emigró al puerto caribeño de Turbó para ser empleada doméstica.

Así que Cate se instaló en un barrio obrero de Apartadó, entre calles enlodadas, riesgos de permanente violencia, fuertes carencias y, su consuelo, el sonido de vallenato que no paraba de bailar.

Cuando doña Ayola le encargaba algo, se sorprendía de lo rápido que volvía la nieta, feliz de sacar partido de su poderosa zancada. Esa estatura por la que la molestaran en el colegio, al grado de suplicar a su madre que frenara su crecimiento, de pronto era su gran pilar para ganar en todo: en voleibol o el tradicional yeimi (consistente en derribar torres con una pelota), además de en salto o velocidad.

A los 14 años empezó su formación como atleta, aunque en Apartadó había poco margen de mejora. Se mudó a Medellín para continuar con su desarrollo y, siete tristes meses más tarde, incapaz de resistir la lejanía respecto a la abuela, regresó a su pueblo.

Ayola la convencería de que no desperdiciara su talento, que aprendiera de los sacrificios de sus propios padres, que ella misma, con tantos años y los ojos irritados por pesticidas, se esforzaba 10 horas diarias en una finca bananera (base económica de Apartadó, nombre traducible como "río de plátanos").

Cate retomó el deporte con mayor compromiso, pero aún soportaría rudos reveses. A su modesta participación en salto de altura de Atenas 2004 siguió la no calificación en Beijing 2008. Con 24 años estaba decidida a retirarse, hasta que encontró en Puerto Rico una doble oferta: reenfocarse al salto triple que ahí le ayudarían a pulir y estudiar enfermería.

Quizá más motivada por lo segundo que por lo primero, Caterine atravesó el Caribe rumbo a su nuevo hogar. Al cabo de un par de años, su ascenso fue fulgurante: bronce en el Mundial 2011, plata en los Juegos de Londres 2012 y aferrarse a la cima desde el Mundial 2013.

Del río de plátanos del que huyeron sus padres, al Río olímpico de 2016, Caterine pasó de la desesperanza de sentirse abandonaba a personificar la esperanza de Colombia. Su arenga a sí misma antes de cada salto, "¡Vamos, negra!", es el grito de un país tan enamorado de su perseverancia como de su alegría.

Oro en Río 2016 y plata en Londres 2012 en salto triple • 5 Mundiales seguidos con medalla (2011-2019) • Atleta del año según la IAAF en 2018

ELIUD KIPCHOGE

MARATÓN DE FILOSOFÍA

 Nació el 5 de noviembre de 1984

Correr era el modo de vida en la aldea keniana de Kapsisiywa, cerca de la frontera con Uganda y el lago Victoria. Ni rivalidad ni registros, desde un sitio tan aislado sólo se apuraba la llegada acelerando la zancada.

Como todos los niños ahí, Eliud corría a diario ocho kilómetros entre ir y venir a la escuela, salir a algún encargo y vigilar el ganado de la familia.

El menor de cinco hijos, no tuvo la dicha de conocer a su padre, fallecido cuando recién nació. De ese hombre al que descubriría en fotos arrugadas, apenas le quedarían recuerdos narrados por sus hermanos.

Su madre, Janet Rotich, los sacó adelante llevando al hogar su experiencia como maestra de primaria: disciplina y trabajo como pilares. Entre los alumnos que pasaron por su aula se incluía el medallista de plata en Barcelona 1992, Patrick Sang, la única persona a la que Eliud había visto correr por oficio y no por traslado.

Eliud superaría los 16 años sin considerar que realizaba ejercicio. En el colegio tenía la sensación de ser un poco más rápido que sus compañeros, pero nada que lo inclinara al deporte. Época en la que le bastaba con ese empleo que le pagaba el equivalente a un dólar al día: repartir leche en bicicleta en trayectos de 20 kilómetros, a 3 mil metros sobre el nivel del mar y con 75 litros a cuestas. Sin saberlo, sus piernas eran moldeadas por el destino.

Con los ahorros de varios meses compraría su primer calzado deportivo y correría una carrera al cabo de la cual el mismísimo Patrick Sang le regaló un cronómetro.

Eliud pidió a Sang que le enseñara a entrenar. Pensando que se trataba de un admirador que pronto se desmotivaría, Sang le sugirió actividades para unas cuantas jornadas. Al notar que Eliud volvía, aceptó seguirlo preparando en gratitud por lo que Janet le había dado como maestra en su niñez. Ya no se separarían. En escasos dos años, antes de que Kipchoge cumpliera los 19, era campeón mundial en 5 mil metros.

Eliud podía correr más de 200 kilómetros semanales y forzarse a larguísimas repeticiones de máxima velocidad. Cuidando su rutina desde las cuatro de la mañana, nunca alejándose de la vida sin lujos del campo, con la humildad como bandera, ganó medallas en Atenas 2004 y Beijing 2008, aunque no de oro como pretendía.

Entonces se mudó al maratón, en el que se convertiría en el mejor de la historia, habiendo perdido por última vez en 2013 y triturando el récord mundial en Berlín en 2018.

Apodado el filósofo por su voracidad para leer y reflexionar, quizá analizando la diferencia entre correr por necesidad o por elección.

Oro en Río 2016 en maratón · Plata en Beijing 2008 y bronce en Atenas 2004 en 5 mil metros · Bajó en 78 segundos el récord mundial de maratón en 2018

TIRUNESH DIBABA

RÉCORD CON CARA DE BEBÉ

 **Nació el 1 de junio de 1985**

El olor a café ascendía por la pared de barro hasta el techo de paja, en esa casa tradicional o *tukul*. Sólo en la ceremonia del café se frenaba la rutina de los Dibaba.

Pese a no tener electricidad, en ese *tukul* nunca faltó comida e incluso hubo comodidades impensables para sus vecinos en el minúsculo pueblo de Bekoji. Privilegios obtenidos gracias a la labor de su padre, de sol a sol, con ganado y sembradíos.

La delgadita Tiru recorría a diario varios kilómetros para recoger agua, ordeñar vacas y plantar cebada, regresando puntual al *bunna maflat* o ritual del café: colocar los granos en un sartén, molerlos, prepararlos.

Cierto día de 1992, acudió menos gente a la ceremonia. Los mayores se habían desplazado hasta un lejano hotel para observar en el televisor la competencia de 10 mil metros transmitida desde Barcelona. Derartu Tulu, su prima, daba a Etiopía un oro olímpico.

A partir de eso, muchos en Bekoji se entregaron al deporte. No así Tirunesh, quien se sentía demasiado frágil para la exigencia y cuya única pasión era ver películas en ese idioma amhárico en el que su nombre significa "eres buena".

A los 14 años se mudó a la capital Adís Abeba con su hermana Ejegayehu a fin de continuar con sus estudios. Sin embargo, fue rechazada en el colegio al llegar seis días tarde.

Espantada con el caos de la ciudad, Tiru quiso retornar a su aldea en la montaña, pero le explicaron que si volvía la casarían de inmediato con alguien que no eligiera, acorde con la tradición. En cambio, su hermana la convenció de que, mientras iniciaba el curso, la acompañara a entrenar.

Sería por estar habituada desde niña a zurcar grandes distancias a más de 3 mil metros de altura, sería por genética, sería por la riqueza en calcio y hierro de la bebida de cebada denominada *besso*, sería por la cultura de sacrificio aprendida de su padre... el asunto es que cuatro años después, en París, una desconocida Tirunesh se convertía en la atleta más joven en coronarse en unos Mundiales de atletismo.

A partir de ese momento, la preparación de los Dibaba siguió en el monte Entoto, entre árboles de eucalipto y hienas. En una montaña habían nacido y en otra crecían los sueños de medalla de esa dinastía olímpica.

A las tres preseas conquistadas por la prima Derartu, se unirían una plata de Ejegayehu, otra de su hermana menor Genzebe y, sobre todo, las seis de Tirunesh.

Su nombre no mintió: Tiru no sólo fue buena corriendo, sino acaso la mejor fondista de todos los tiempos.

3 oros y 3 bronces entre Atenas 2004 y Río 2016
5 campeonatos mundiales • Récord mundial en 5 mil metros

MICHAEL PHELPS

POSEIDÓN Y TIBURÓN

 Nació el 30 de junio de 1985

Alguna vez, este Poseidón, dios de los mares, temió al agua.

Cuando a los siete años Michael recibió su primera lección de natación, le aterraba sumergir el rostro, por lo que su maestra decidió comenzar por el estilo de dorso; igual, de espaldas, lloraba al alejarse de la orilla.

Tan peleado con la piscina como con madrugar, no entendía cómo sus hermanas dejaban la cama tan temprano para nadar. Sin embargo, su madre necesitaba que Michael canalizara la enorme energía que se le desbordaba. Desde pequeño hiperactivo y distraído, en el colegio no se concentraba, le costaba escribir, pronunciaba mal las letras y no lograba quedarse sentado.

Por esa época le fue diagnosticado Trastorno por Déficit de Atención e Hiperactividad, que se agravó cuando sus padres se divorciaron. Ya no viviría con ese papá al que idolatraba –un policía que antes estuvo cerca de jugar en la NFL–, mientras que mamá hallaba tiempo hasta para defenderlo de profesores que le aseguraban que fracasaría en cuanto hiciera.

A los 11 años recibió dos nuevas razones para abandonar la natación: una lesión privó a su hermana Whitney de acudir a Atlanta 1996 y apareció en su camino el tipo más odioso al que hubiese conocido. El entrenador Bob Bowman, de cuya férrea mano ascendería hasta convertirse en el olím-

pico más laureado, quien empezó por prohibirle las palabras, "No puedo".

El primer día le indicó que modificara su técnica. Al ver que se negaba, suspendió el entrenamiento y lo mandó a casa. Esto se repitió por una semana hasta que Michael aceptó enojado y, aún sin simpatizarle Bob, notó una gran diferencia: brazada a brazada se convertía en tiburón.

Al mismo tiempo, su cuerpo se desarrollaba como diseñado por un experto en natación, su espalda ensanchaba y alargaba, sus pies y manos crecían como aletas, pero el adolescente Phelps ya había entendido que no bastaba con su benévola anatomía. Sin nadar hasta 90 kilómetros a la semana, sin dedicar sus noches a analizar videos y criticarse para mejorar, sin despertarse a las cuatro de la madrugada para entrenar incluso en los días más fríos del invierno de Baltimore, sin sacrificarlo todo por sus anhelos, nada habría sido posible.

Tampoco sin su madre. Esa mujer que, lejos de reprimirlo, buscó la forma de que desahogara tanta energía. Esa mujer que, al verlo incapaz de manejar la frustración, le efectuaba una C con la mano para que se calmara. Esa mujer que, más de una vez, corrió fuera de la cama al escuchar a su hijo gritar entre sueños: "¡En sus marcas! ¡Listos! ¡Fuera!" Y es que, aun dormido, Michael nadaba hacia lo más alto del Olimpo.

Récord de medallas olímpicas (28) ‣ **Récord de medallas de oro (23)**
‣ **Récord de oros en unos Juegos (8 en Beijing 2008)**

MINXIA WU

LA BELLEZA DE CRISTAL

 Nació el 10 de noviembre de 1985

Cuando Minxia nació, Shanghái pasaba cual relámpago de pueblo pesquero a futurista metrópoli.

Entre las grúas que apuraban rascacielos, cada vez le era más difícil divisar esa bahía de Hangzhou en la que convergen tres ríos. Sin embargo, crecer en una ciudad de agua la marcaría.

Cierto día, cuando tenía cinco años, le costó reconocer que el revuelo desatado en su kínder guardaba relación con ella. Dos personajes discutían con el director: uno estaba convencido de que su estilizada figura serviría para convertirla en bailarina de ballet, el otro aseguraba que los elásticos músculos de la niña eran ideales para los clavados. Ella prefirió la segunda opción porque, como todo hijo de Shanghái, amaba el agua.

Ese cuartito de 14 m² donde los tres Wu dormían, comían y convivían, al que papá llegaba pulverizado tras jornadas larguísimas enyesando paredes y en el que Minxia presumía a mamá los movimientos de cada clavado aprendido, pronto perdería su alegría.

A los nueve años viajó a su primera competencia internacional. Esa primera noche en Japón lloró con el rostro oculto en la almohada, deseando correr desde el hotel en Osaka hasta su pequeñísimo departamento en Shanghái.

Las 500 horas anuales de entrenamiento eran duras, aunque más cuando, a los 11 años, debió vivir ya permanentemente con el equipo de clavados. Incluso si las prácticas eran en Shanghái, Minxia no iba a su casa más que una tarde al mes: concentración total en la piscina, ni juegos ni diversión, prohibido ser niña.

De a poco, transformó en familia a los clavadistas con los que pasaba todo el año, al grado de llamarse entre sí hermanos. Un regalo, pensaban optimistas, en esa generación de chinos en la que, por política de Estado, todos eran hijos únicos y crecían solos en su hogar.

No obstante, nadie se lesionaba tan seguido como Minxia, a quien apodaron *Belleza de Cristal*. Fracturas que ocultó a sus padres en el teléfono para no asustarlos, una cadera que creció de más e incrementó su fragilidad, problemas de anemia y deficiencia de vitaminas que amenazaban con sacarla del camino olímpico.

Años noventa en los que China se acercaba a las potencias deportivas del planeta y ella decidía desde el televisor que sus oros llevarían al país a la cima.

Nunca nadie ganaría tantas medallas en clavados, aunque a cambio, su padre admitía tras Londres 2012: ocultó a Wu una grave enfermedad de su mamá para no desenfocarla de la meta.

Una vez retirada se compró juguetes: pasados los 30 años buscaba la infancia que cambió por el trampolín.

5 medallas de oro entre Atenas 2004 y Río 2016 · 14 medallas en Mundiales entre 2001 y 2015 · Máxima ganadora (hombre o mujer) en clavados

PAOLA ESPINOSA

HAZAÑA, LA DE LA VIDA

 Nació el 31 de julio de 1986

Su segundo nombre, Milagros, no alcanzaba a expresar todo lo que sus padres se angustiaron y lloraron, pidieron y creyeron, oraron y rogaron, antes de que naciera.

Un embarazo en el que, ante la irrupción de un tumor pegado a la piernita de la criatura, escucharon que debían elegir entre la vida de la mamá o el bebé.

Los padres dijeron que no, que las dos estarían bien. Aún no contemplaba su primera luz y Paola ya era una triunfadora: había salido del parto tan sana y guerrera como la mujer que la alumbró.

Si el nombre Milagros definía esos meses, ya con la niña en brazos la familia Espinosa definiría su nueva etapa en el nombre del sitio al que se mudaba: La Paz.

Ser entrenador de natación trasladaba a Marco Antonio, su padre, hasta esa ciudad costera, donde Pao devoraría a idéntico ritmo mariscos y peligros. Con las almejas no había problema, pero con las travesuras sí, el riesgo como imán.

La cambiaron de escuela para que se tranquilizara, mas no sirvió. Diagnosticada con Trastorno de Déficit de Atención e Hiperactividad, sus padres decidieron que en lugar de darle las medicinas recetadas le harían quemar tan inagotable energía. Dejaban a Pao en el gimnasio seis horas cada tarde: nadaba, corría, practicaba karate, destacaba en gimnasia, yéndose al fin serena.

Tenía seis años cuando el televisor con la imagen de Barcelona 1992 se convirtió en una bola de cristal. En las ejecuciones de la clavadista china Mingxia Fu, esta chica de los milagros vislumbró su futuro. "Hoy la ven a ella, pronto a mí", aseguró.

Nunca había temido a los más intrépidos juegos, aunque le faltaba subir a la plataforma de 10 metros. Fue girar la mirada desde las alturas a las ondulantes aguas y descubrir un miedo que, pese a los años y el éxito, la acompañaría.

Si a los 11 meses llegó a La Paz, con 11 años regresaba sola a la Ciudad de México, donde su gran potencial sería desarrollado. La hermana con la que antes reñía, el sonido del mar, el cobijo de sus papás, le abrirían un vacío.

Ni distracciones, ni ocio, ni lo propio para su edad, la rutina de Paola se resumía en esa eterna repetición, cada vez más impecable, de sus vuelos a la piscina. Doscientos en la mañana, otros 100 por la tarde, 2 mil clavados por semana. Y en la más áspera búsqueda de la perfección: un salto malo en el entrenamiento implicaba, al margen del panzazo o espaldazo, una noche en lágrimas, sin dormir, soñando el movimiento.

Si alguien pensó en hazañas al observarla ganando medallas olímpicas, Paola pudo responder: hazaña, el milagro de la vida.

Bronce en Beijing 2008 y plata en Londres 2012 • 4 medallas en Campeonatos Mundiales • 15 medallas en Juegos Panamericanos (2003-2019)

USAIN ST. LEO BOLT

EL HOMBRE RELÁMPAGO

 Nació el 21 de agosto de 1986

El sermón, iniciado con palabras duras, derivó en lágrimas. Con ojos cristalinos, Usain escuchaba los reproches de su madre y abuela por no querer inscribirse en el Mundial Junior que se celebraría en su propio país, Jamaica.

El muchacho argumentaba que no había razón para acudir, que apenas tenía 15 años y en el evento participarían atletas de casi 20. Ellas sabían que, por imponente que ya luciera con su gran estatura, Usain seguía siendo ese niño con miedo a perder que se encerraba a llorar cuando era derrotado en lo que fuera. Finalmente lo convencieron y, llegada la competencia, los nervios lo llevaron a colocarse los zapatos al revés... pero se coronó en 200 metros.

No obstante, asumirse tan bueno propició que Usain se saltara indicaciones de su entrenador: las vueltas a la pista, las rutinas más severas, las repeticiones en el gimnasio.

Su padre, gracias a cuya disciplina jamás faltó comida en la mesa de los Bolt, decidió levantarlo tres horas antes de clases para inculcarle sacrificio. Ahí estaba Usain, al que en familia llamaban por las siglas VJ, despierto a las 4:30 de la madrugada. Si no lo enviaban a recoger agua al río (hasta 40 veces para llenar el tinaco), lo ocupaban en cualquier pendiente.

La primera de dos alarmas se encendió al cumplir 18 años. Luego de fracasar en los Olímpicos de Atenas 2004, donde corrió muy adolorido, un médico le detectó escoliosis (una curvatura en la columna vertebral). Ese diagnóstico hizo aun más necesarias las pesas que detestaba: fortalecerse para disminuir el impacto en la espalda baja.

La segunda alarma sonó en los Mundiales 2007, cuando Tyson Gay le arrebató el oro. Al preguntarse molesto por qué había sido superado, comprendió que no trabajaba lo suficiente.

A partir de ese instante, el cambio fue drástico. Nutrido por el odio a ser vencido, Usain se esforzó como nunca, cuidó su alimentación, renunció a salir por la noche, pareciéndose de adulto a aquel bebé hiperactivo que siempre buscaba desafíos y dejaba boquiabierta a su mamá.

Al notar la diferencia, su entrenador le sugirió hacer también los 400 metros en Beijing 2008, tal como el ídolo de su infancia, Michael Johnson. Usain propuso otra idea: correr los 100 para los que se creía que su largo cuerpo era inadecuado. Ante toda negativa, insistió que se merecía demostrarse que podía, que bastaba con una carrera de prueba. Meses más tarde, destrozaba el récord mundial de forma impensable.

Con talento habría ganado algún podio; con entrega VJ se convirtió en el mejor de la historia.

9 oros entre Beijing 2008 y Río 2016 · Único con 3 títulos olímpicos tanto en 100 como en 200 metros · Poseedor del récord mundial en 100 y 200 metros

SHELLY-ANN FRASER-PRYCE

EL COHETE DE BOLSILLO

 Nació el 27 de diciembre de 1986

Los insultos contra Shelly-Ann no paraban en Jamaica. La velocista, aún desconocida, era atacada por eliminar de los 100 metros de Beijing 2008 a la legendaria Veronica Campbell.

Otra chica que no fuera Shel se hubiera intimidado. Otra chica que no hubiese subsistido al conflictivo barrio de Waterhouse en Kingston. Otra chica que corriera sólo por sí misma y no también por los sueños truncados de alguien más.

Su madre, Maxine, dejó el atletismo por un embarazo no deseado en la adolescencia. Sin tiempo para el deporte, su vida quedó absorbida por sacar adelante a esos tres hijos con los que compartía cama.

Maxine se convirtió en vendedora ambulante, preocupada porque no siempre juntaba para la cena, porque había días en los que Shel no podía llevar lunch al colegio, porque su pequeña corría descalza primero en competencias escolares y luego al entrenar sobre calles semipavimentadas.

Para colmo, la violencia en Waterhouse crecía. Entre tiroteos y revanchismo, a unos metros de donde los tres Fraser jugaban a que se disparaban por el control del barrio, su primo fue asesinado.

Sus amigas se embarazaban a temprana edad. Sus vecinos aspiraban a ser mafiosos. Paranoia comprensible, Maxine le prohibía responder o siquiera mirar a los hombres que le hablaban al volver a casa.

Precario orden que, al cumplir 14 años, se quebró. Sin previo aviso, la reinstalaron con otra familia, insistiéndole que regresaría cuando mamá pudiera mantenerla.

Meses en los que nada más por el atletismo no se volvió loca. En uno de esos acelerones furiosos, *sprints* contra traumas y problemas, fue vista por Jason Pryce, quien era compañero del plusmarquista mundial en 100 metros, Asafa Powell. Así, de pronto, el muy respetado Stephen Francis comenzó a entrenarla, sin entender cómo, con tan mala técnica y baja estatura, se desplazaba a ese ritmo.

La diminuta alumna probó ser la más aplicada. Si Francis indicaba que subiera más las rodillas, repetía el movimiento 100 veces hasta mecanizarlo. Si Francis corregía su inicio, arrancaba hasta mejorarlo. Si Francis prometía que se acercaban a la meta, empezaba sus prácticas a las cuatro de la mañana. Y siempre con la más exultante sonrisa.

Sonrisa que no le quitaron ni los insultos cuando ganó la plaza para Beijing 2008. Sonrisa que conservó cuando ya era historia viva del atletismo y enfocó sus estudios universitarios en el desarrollo de niños que, como ella, parecían descartados para todo.

Shelly Ann, después esposa del Jason Pryce que la detectó, ha sido igual de exitosa con su trabajo por la infancia que en las pistas.

2 oros, 3 platas y 1 bronce entre Beijing 2008, Londres 2012 y Río 2016 • Única con medalla en 100 metros en 3 Olímpicos • 9 oros y 2 platas en Mundiales

MARÍA DEL ROSARIO ESPINOZA

PESCADORA DE MEDALLAS

 Nació el 29 de noviembre de 1987

Entre las frutas que colgaban de los árboles del pueblo sinaloense de La Brecha, la inquieta Chayito siempre trepaba hasta las más altas. Eso le supuso caídas y raspones, aunque de ninguna forma quejas o llanto.

En su casa se respiraba gratitud desde que una peregrinación por la Virgen del Rosario convenciera a su padre de bautizarla con ese nombre. Gratitud repetida cada que Marcelino Espinoza volvía tras semanas ininterrumpidas navegando en su barca camaronera y aseguraba que le había ido muy bien en altamar. ¿Muy bien? Pero si el pescado no bastaba, si los meses de veda se acercaban y urgía llenar el congelador, si la familia no estaba para lujos y las lecciones de taekwondo de la niña sin duda lo eran. Muy bien, insistía el humilde pescador, porque había vuelto con vida.

El abuelo materno de Chayito, al que llamaban Chaviro, había muerto en una salida al océano, recordando a la familia que en esas olas se escondía lo mejor y lo peor.

Amante del boxeo, Marcelino ponía los guantes a su hija y se emocionaba viéndola derrotar a sus primos mayores. Poderío físico que se multiplicaba cuando iba al campo con su otro abuelo, el regañón Tata Quequé, a cortar leña y arar el maíz, a sembrar tomate y calabaza, a recorrer casa por casa en bicicleta para vender la cosecha.

Del box pasó al taekwondo porque no había otro deporte organizado en La Brecha. En un cuarto cuyo techo desprendía pedazos a cada lluvia, el entrenamiento empezaba con Chayito y sus compañeros barriendo el suelo salpicado de cal y piedras. Lo siguiente eran esas veloces patadas con las que, heredera de la agilidad de tantas generaciones de pescadores brecheños, María del Rosario no tenía rival.

Para continuar mejorando necesitaba una capacitación sólo disponible en la vecina ciudad de Guasave. Con escasos 10 años empezó a perder dos horas de cada tarde en el autobús (una de ida y otra de vuelta), en las que completaba la tarea escolar, comía su *lonche* de marisco guisado y cabeceaba rendida, como si encima no tuviera que llegar a entrenar.

Finalmente, no quedó más opción que la mudanza definitiva a Guasave, dejándole un vacío sólo tan grande como la ilusión. Al contemplar al taekwondoín mexicano Víctor Estrada obtener una medalla en Sídney 2000, entendió que nada había cambiado: no se conformaría más que con la fruta más alta del Olimpo. Ocho años después, tenía el oro colgado en Beijing y desde el podio se imaginaba La Brecha.

Entre su equipaje viajaba, como a cada edición olímpica, una Virgen del Rosario. Gratitud y esfuerzo, como aprendió de Marcelino.

Oro en Beijing 2008, bronce en Londres 2012, plata en Río 2016
3 veces medallista en Copa Mundial
Mejor de la historia en 67 kg, pese a medir 1.73 (poco para la división)

KATINKA HOSSZÚ

LA DAMA DE HIERRO

 Nació el 3 de mayo de 1989

Cuando Katka sentía su manita más apretada dentro de la de su mamá y tirones más fuertes de brazo para que apurara el paso, comprendía: iban tarde a la piscina y el abuelo László no toleraba la impuntualidad. Su habitual ternura desaparecía si su nieta demoraba o no mostraba interés en las clases de natación.

Desde una edad tan temprana que antecedía al primer recuerdo de la niña, la entrenaba él. Lo que empezó como sustituto de la guardería, duró hasta los 13 años, con varios días de nadar juntos incluso dos veces.

Había nacido en plena transición. Cuando la democracia era alumbrada en Hungría. Cuando la Unión Soviética aceptaba llevarse a sus tropas tras décadas en territorio magiar. Cuando se desvanecía la Yugoslavia ubicada a 30 kilómetros de donde nadaba en Bács, al sur húngaro. También cuando su inspiración, Krisztina Egerszegi, arrasaba en Olímpicos.

Por eso al salir de la alberca e ir en bicicleta a tomar un helado con su madre, Katka se centraba en Atenas 2004: si Egerszegi lo consiguió a los 14 años, ella podría a los 15. Sin embargo, en la capital griega, como después en Beijing 2008, quedó lejísimos del podio. Los sueños de medalla ideados con el abuelo lucían perdidos.

Se mudó a estudiar a la Universidad del Sur de California. Luego de unas noches en Estados Unidos llamó a su madre llorando: nadie le entendía al hablar en inglés. Estaba arrepentida de todo, de cambiar de continente, de nadar. Su mamá la animó a que resistiera hasta Navidad y, de no adaptarse, regresaría.

De a poco mejoró su vida americana lo mismo que sus registros en la piscina, aunque en Londres 2012 sufrió el fracaso más doloroso. Aspiraba al oro y al ver que se le escapaba una rival, se desplomó emocionalmente. Ni siquiera alcanzó medalla. Le sugirieron que se retirara. Era el final.

Tras unas semanas deprimida, Katinka accedió a volver a nadar, pero con una nueva prioridad: disfrutaría. Entró al gimnasio como nunca. Triplicó la carga de sus entrenamientos. Cuidó su alimentación al detalle. Analizó con autocrítica su técnica. Y, fiel al principio, por primera vez desde que aprendiera con el abuelo László, se divirtió.

Inscribirse en tantas pruebas por evento derivó en el apodo *Iron Lady*. Fortaleza que en Río 2016 la elevó a mejor nadadora de la historia en estilo combinado. Tocó la cumbre con 27 años, demasiados comparada con sus colegas, mas en la palabra *hosszú*, traducible del magiar como largo, se revelaba el secreto: estaba escrito en hierro que su trayecto al Olimpo sería larguísimo.

3 oros y 1 plata en Río 2016 · Posee todos los récords en nado combinado: 100, 200 y 400 metros · Nadadora del año en 2014, 2015, 2016 y 2018

KOHEI UCHIMURA

SUPERMAN NIPÓN

 Nació el 3 de enero de 1989

Kazuhisa observó orgulloso a su esposa Shuko. El anhelo que compartían desde el noviazgo, abrir una escuela de gimnasia, estaba al fin ante sus ojos en el mismo edificio de su pequeño apartamento. Para ello debieron recurrir a préstamos y sacrificios, pero ese joven matrimonio conformado por dos gimnastas lo había logrado.

Por esas fechas nació su primogénito. Lo llamaron Kohei, traducible como "el que cruza el océano Pacífico", deseando que en el futuro sus triunfos dieran la vuelta al mundo. Así que Kohei se crio en el gimnasio de un pueblo del sur de Japón, por lo que sus primeros años fueron muy peculiares.

De bebé lo sorprenderían balanceándose en los barrotes de la cuna, a lo que seguiría que saltara en trampolín sin saber caminar, a que volara en brazos de su papá mientras giraba en piruetas o a que durmiera su siesta bajo las barras paralelas. Pese a todo, descubrirían que tardaba más que sus alumnos en realizar varios movimientos, que olvidaba las rutinas y le faltaba fuerza. Le propusieron probar beisbol o natación. Kohei se negó y no cambió de opinión ni cuando fue último en su competencia debut.

Cierto día, notaron muy callado a su hijo en la recámara. Al entrar, lo vieron con una mano en la libreta y la otra en un muñeco de la Pantera Rosa. Kohei dibujaba lo que pretendía efectuar en cada aparato y después lo recreaba desplazando en complejas maromas al monigote.

Pudo ser culpa de esa interacción con la Pantera Rosa, pudo ser por inspiración de las historietas animadas de *¡Ganba! ¡Vuela alto!* que leía, en las que un muchacho cumple su sueño de ser olímpico; el asunto es que a los 13 años ya era el mejor de su edad.

Naoya Tsukahara se convirtió en su ídolo al ganar oro en Atenas 2004. El perseverante Kohei no descansó hasta que el medallista le permitió entrenar con él. A los 15 años, suplicaba a sus padres que comprendieran que su preparación necesitaba continuar en Tokio.

Kohei se mudó a la capital sin sospechar los niveles que estaba por alcanzar. Pronto, Tsukahara insistiría en que el aprendiz lo había superado. Humilde y sólo creyente en el trabajo, en las infinitas repeticiones, en el competir contra sí mismo, Kohei no lo admitiría ni cuando se transformó en el hombre que por más tiempo dominó de manera ininterrumpida la gimnasia: ocho años de reinado en el *all-around*, incluidos los oros en Londres 2012 y Río 2016.

Elegante, aclamado por sus rivales como el rey y haciendo lucir sencillo lo imposible, sus triunfos habían cruzado el océano Pacífico con la Pantera Rosa como laboratorio de perfección.

3 oros y 4 platas entre Beijing 2008 y Río 2016
· 8 años seguidos con oro en *all-around* entre Mundiales y Olímpicos (2009-2016)
· Considerado por muchos como el mejor gimnasta de la historia

SVETLANA ALEKSÉIEVNA ROMÁSHINA

BALLET BAJO AGUA

 Nació el 21 de septiembre de 1989

Tener ya cinco oros en Mundiales y haber sido dos años antes la nadadora más joven en integrarse al equipo nacional no alteraban la perspectiva de Sveta. En 2007, sin siquiera cumplir los 18 años, se retiraba.

La exigencia rumbo a los Olímpicos de Beijing, la perfección demandada, las lesiones acumuladas, la competitividad por ganar las escasas plazas, el riesgo de conmociones cerebrales por la proximidad de las patadas de sus compañeras, la conciencia de toda una infancia y juventud limitadas al deporte, hicieron que estallara.

Al entrar a su apartamento en Moscú decidió que no cambiaría de opinión. Entonces su madre empezó por tranquilizarla, para luego recordarle cuánto trabajó para llegar a donde estaba. Quizá visualizando los puentes sobre el río Moscova comprendió la magnitud de lo que iba a romper. Su entrenadora le había advertido que si salía ya no podría retornar: el puente se quemaría en definitiva.

Sveta pensó en sus inicios. Cuando le interesaba el baile de salón y de ninguna manera el nado. Cuando, con nueve años, el nado sincronizado emergió como opción idónea entre esas dos actividades. Cuando la aceptaron con la doble condición de bajar de peso y adquirir flexibilidad. Cuando, al verla frustrada por no estirar, su mamá

se apoyaba sobre ella hasta que abriera las piernas por completo, no dejando de hacer *split* ni al realizar su tarea o estudiar para un examen del colegio: sería elástica porque sí. Cuando, con sólo 10 años, la tensión de alternar baile y nado la llevó al hospital con gastritis. Cuando su madre le cosía sus trajes de baño apegados a sus deseos. Cuando, casi convertidas en su casa las instalaciones atléticas de Ozero Krugloye, notó cómo se había modificado su organismo: de no ser flexible a exhibir más plasticidad que nadie, de no sentir pasión por la piscina a contener la respiración más de cuatro minutos en el agua.

Svetlana nació para bailar. Lo del nado y las acrobacias lo consiguió con arduo, desmedido esfuerzo, ejemplificado por esa imagen del doloroso *split* de horas en una chica que no alcanzaba a tocarse ni los tobillos. A las puertas de sus primeros Olímpicos, lo botaría todo.

Ese día, el nado sincronizado estuvo cerca de perder a quien se transformaría en su exponente más laureada, a menudo en dueto con su otra mitad, Natalia Íshchenko.

Superado ese profundo bache, ni la maternidad la sacó del camino. Ya como mamá, la niña que a su vez fue persuadida por su madre a no claudicar, continuó acaparando oros.

5 oros entre Beijing 2008 y Río 2016 • 21 oros en Mundiales entre 2005 y 2019 • Condecorada con la Orden del Honor por el gobierno ruso

MIREIA BELMONTE

LA SIRENA DE BADALONA

 Nació el 10 de noviembre de 1990

Los ojos azules de Mireia brillaron como nunca. Frente a ella caminaba su ídolo, Nina Zhivanévskaya, esa chica emigrada desde Rusia que dio a España su primera medalla femenil en natación, un bronce en Sídney 2000. Luego de pedirle su autógrafo y respirar para hablarle, pudo explicar que, a sus 12 años, acababa de ser campeona junior. Ese día Mireia decidió que llegaría a los alcances de Nina.

Había nacido en Badalona, a unas calles del pabellón que, dos años más tarde, eternizaría el *Dream Team* de Michael Jordan en Barcelona 1992.

Su barrio, La Salut, tenía nombre catalán pero marcado acento andaluz, con migraciones masivas desde el sur de España tras la Guerra Civil. Era el caso de sus humildes padres, sacrificados y trabajadores sin descanso.

Precisamente, la salud detonaría su destino: cuando cumplió cuatro años, Mireia fue diagnosticada con escoliosis; es decir, una curvatura en la columna vertebral. Le recomendaron nadar.

Desde ese instante la piscina la acompañaría. Paqui, su mamá, la esperaba a la salida del colegio. Juntas se trasladaban en autobús a la alberca, donde la terapia pronto se transformaría en pasión... y obligación. A los seis años anticipó su severo temperamento: quedó segunda e, inconforme, montó una pataleta para no subir por su premio.

Su técnica no era la más adecuada y mostraba un extraño miedo al entrar al agua, acaso por su alergia al cloro –toda una contradicción y ejemplo de subsistencia pasándose media jornada sumergida en aguas con ese desinfectante.

Si el nado había sido su remedio para la escoliosis, la constancia lo sería para su técnica no tan pura y otras complejidades, como también ser asmática.

Con nueve horas de entrenamiento diarias; con actividad adicional en boxeo, gimnasio y demás deportes; con un respeto ceremonial a su alimentación y tiempo de sueño; con una autoexigencia difícil de entender: Mireia lloraba no sólo al perder una carrera, sino cada que no lograba el registro prometido.

Cuando, ya adolescente, alguien se refirió con pesar a su estatura relativamente baja o a sus extremidades menores que las de sus rivales, Mireia plasmó en pocas palabras las razones por las que triunfaría: "Eso no lo puedo cambiar, mas sí mi capacidad y resistencia".

En Beijing 2008, seis años después del autógrafo, compartió habitación en la Villa Olímpica con su idolatrada Nina. Al cabo de otros dos procesos Olímpicos, sumaba ya cuatro medallas, la mejor española en la historia de estos Juegos. ¿Y su padre? Trabajando como antes, como le enseñó, como siempre, con humildad y tenacidad.

1 oro, 2 platas y 1 bronce entre Londres 2012 y Río 2016 ◆ 4 récords mundiales en piscina corta ◆ 6 medallas en Mundiales (2013-2017)

MARIANA PAJÓN

DIOSA BMX

 Nació el 10 de octubre de 1991

El mensaje del altavoz no pasó desapercibido para esa criatura de cuatro años que inventaba travesuras mientras su hermano practicaba bicicrós. Era una invitación para que los más chicos se anotaran en la carrera del día siguiente.

Marianita dijo en el coche que al otro día tenía una competencia. Sus padres se miraron, buscando entre sí una explicación. Demasiado tímida para hablar con extraños, pudo más la pasión por los pedales de esa niña apodada *La Tata*. Sí, figuraba en los registros rodeada de varones de seis años.

El diciembre anterior, de vacaciones en las afueras de Medellín, encontró arrumbada la bicicleta en la que aprendió su mamá. Imposible retrasar su voluntad, la montaron antes de que empezara un berrinche y, de inmediato, pidió que quitaran las ruedas auxiliares. Regresó revolcada en lodo y lágrimas, aunque ya pedaleaba sin ayuda.

Para coraje e impotencia de sus rivales, difícil aceptar que una nena que llegaba en faldita los derrotara en fuerza y valentía, La Tata ganó su primera carrera y fue entrevistada. Con palabras todavía necesitadas de mejor pronunciación, con la pena que no tuvo al inscribirse, clamó que sería campeona mundial.

A partir de entonces fue fácil identificarla en las pistas con casco rosa y motivos de Barbie en el manubrio. No tardaron en alertar a sus padres: que le harían daño, que perdería su femineidad, que probara gimnasia. Ellos sólo temían por las lesiones y más cuando a los cinco años se rompió la clavícula. Sin embargo, tan no había forma de apagar ese fuego, que por las noches desarmaban la bicicleta para que la niña durmiera sin tentaciones de más vueltas.

Aún muy pequeña, su papá le enseñó un podio y, tras detallarle lo que era, le inculcó que ése era su lugar. Pedaleando o cursando medicina como pretendía, debía soñar con la cima. Por eso elegiría primero el número 111 (tres veces el dígito clavado en su mente) y luego el 100 (por su determinación a dar el cien por ciento). Por eso estudió inglés, asumiendo que sin entenderlo daba ventajas en los eventos internacionales. Por eso entrenó siete horas diarias y se recuperó de 18 fracturas.

Cuando se supo que en Beijing 2008 el bicicrós incursionaría en el programa olímpico como ciclismo BMX, desde Estados Unidos le ofrecieron beca y empleo para sus padres, con la condición de que compitiera bajo esa bandera. Mariana ni lo pensó: ganaría medallas sólo para Colombia.

Lo dicho en la entrevista resultó un oráculo: varios títulos mundiales, dos oros olímpicos, la diosa del BMX se instaló en el podio que su padre le revelara.

Oro en Londres 2012 y Río 2016 · 18 campeonatos mundiales · Condecorada con la Orden de Boyacá

SIMONE ARIANNE BILES

LABERINTO DESDE EL ORFANATO

 Nació el 14 de marzo de 1997

El hilo hasta esta Ariadna, el inicio de su laberinto, se encuentra en el brincolín de un orfanato en Ohio en el que no permitían jugar a los niños. La incontenible Simone, llamada así por la cantante Nina Simone, trepaba a escondidas para saltar, tal como ya hacía en columpios, muebles y toda estructura peligrosa.

Hiperactiva desde que gateaba, quizá buscaba a cada travesura respuestas incomprensibles a tan corta edad: al abandono de papá y las adicciones de mamá, al significado del rechazo y de carecer de un hogar, al pasar sus primeros años en programas para niños desamparados, escurriéndose a la cama de su hermano para dormir pegada a alguien que reconociera.

Cuando se confirmó por enésima vez que su madre no podía cuidarla, el encargado de la casa-cuna localizó a su abuelo Ron, quien sin dudarlo solicitó la custodia de sus nietos.

Los dos mayores se quedarían en Cleveland; las dos menores (una de ellas, Simone, con menos de cuatro años) se mudarían con Ron a Texas. Otro rompimiento, sólo que al fin nuestra Ariadna olímpica vería despejar el camino de su hilo. Feliz de descubrir el sentido de amor y estabilidad, pronto llamó papá al abuelo y mamá a su tierna esposa, Nellie.

Cuando tenía seis años, su escuela organizó un paseo por la granja, pero la lluvia obligó a que los pequeños se resguardaran bajo techo. Por accidente, ahí contemplaron una sesión de gimnasia y Simone recordó el brincolín prohibido en el orfanato. Tan inquieta como siempre, empezó a copiar a los gimnastas y, entre sus sonoras carcajadas, impresionó a los entrenadores. Sin que su minúscula mano alcanzara a agarrar la barra, su forma de columpiarse, saltar, casi volar, atrapó la mirada de todos. Al volver a casa convenció a Ron de que necesitaba continuar en gimnasia. Nellie entendió que, además, eso ayudaría a manejar su hiperactividad.

Nueve años más tarde, en los que creció muchísimo en talento y poco en estatura, en los que practicó más de 30 horas por semana, anotó en su diario: "No sé si lo lograré". Luego de un rato de insomnio, temerosa de fracasar, añadió una frase en la misma página: "Quiero llegar lo más lejos que pueda".

Tan lejos que ganaría seis de los siguientes siete campeonatos estadounidenses con rutinas nunca hechas. Tanto que al arrasar en Río 2016 se le compararía con Nadia Comăneci. Tantísimo que Arianne halló la salida al laberinto más brutal, tal como la Ariadna de la mitología griega.

Llena de medallas, abrazada a Ron y Nellie, desde entonces apoya a los miles de niños sin hogar.

4 oros y 1 bronce en Río 2016 • Récord de títulos Mundiales en *all-around* (5 entre 2013 y 2019) • Récord de medallas en Mundiales (25)

KATHLEEN LEDECKY

DE LA LIBRETA AL AGUA

 Nació el 17 de marzo de 1997

Junto a la cama de Katie reposaba la libreta más intransigente. Ahí, la niña anotaba cada noche la meta a cumplir en la piscina a la mañana siguiente: el récord o tiempo escrito debía plasmarse en brazadas a primera hora.

Cuando el pediatra quiso prohibirle nadar por una infección de oído, fracasó. Esa pequeña estaba determinada a meterse, sin falta, a la alberca. En sus otras actividades, como futbol o piano, se relajaba; no así en el agua.

Nacida en una familia millonaria, Katie jamás pensó en dinero al visualizarse en Olímpicos, bastándole como motivación el triturar todo límite. En esos 70 kilómetros que entrenaría a la semana, en esas escasas cuatro prácticas a las que faltaría en cinco años, en esos desafíos garabateados que precedían al sueño, competía contra sí misma.

La superación corría por sus venas desde que su abuelo llegara de Praga cargando con el apellido Ledecky. Ese Jaromir, americanizado como Jerry, que lavara platos durante el día para devorar estudios en la noche, hasta convertirse en uno de los empresarios más exitosos de Washington D. C.

Entre sus negocios, los Ledecky invirtieron en el deporte, incluidos los Wizards de la NBA cuando jugaba ahí Michael Jordan. Eso propició el primer momento de celebridad de Katie, sentada en las piernas de *Air Jordan* con sólo tres añitos de edad.

Alguna grandeza pudo contagiarle el hombre que volaba a la canasta, pero lo de esa rubia venía de atrás. Si su abuelo paterno era el *American Dream* en persona, el materno estaba involucrado en la natación desde que su hija (tía de Katie) estuviera a punto de ahogarse. Entonces ese cirujano militar, héroe en la Segunda Guerra Mundial, se empeñó en que todo niño aprendiera a nadar, fundando un centro acuático. Predestinación por donde se le busque, desde que naciera en día de San Patricio y su abuela materna, de ascendencia irlandesa, viera en ello el mensaje más claro. O la otra abuela, judía húngara, quien les compartiera lo que representó colaborar con el mismísimo Albert Einstein.

Mezcla digna del mejor laboratorio, sobre todo en la mentalidad, porque el cuerpo de Katie, sus manos, sus pies, su torso, eran menores a los de los titanes de la natación. Eso la obligó a trabajar muchísimo más que las demás, tal como le gustaba.

Al inicio de la adolescencia reemplazó la libreta de su buró por un flotador que encontró arrumbado al pie del trampolín. Ahí escribió en grande, OLY12, por su meta en los Juegos de 2012. Y ya se sabe, si Katie prometía, cumplía. En Londres 2012, la quinceañera fue medallista de oro.

Oro en 800 metros en Londres 2012 con 15 años · 4 oros y 1 plata en Río 2016
· Poseedora de 3 récords mundiales (400, 800 y 1500 metros)

JUEGOS OLÍMPICOS DE VERANO

AÑO	EVENTO	CIUDAD	SEDE
1896	JUEGOS DE LA I OLIMPIADA	ATENAS	
1900	JUEGOS DE LA II OLIMPIADA	PARÍS	
1904	JUEGOS DE LA III OLIMPIADA	SAN LUIS	
1906	JUEGOS INTERCALADOS (NO OFICIALES)	ATENAS	
1908	JUEGOS DE LA IV OLIMPIADA	LONDRES	
1912	JUEGOS DE LA V OLIMPIADA	ESTOCOLMO	
1916	JUEGOS DE LA VI OLIMPIADA (CANCELADOS POR 1ª GUERRA MUNDIAL)	BERLÍN	
1920	JUEGOS DE LA VII OLIMPIADA	AMBERES	
1924	JUEGOS DE LA VIII OLIMPIADA	PARÍS	
1928	JUEGOS DE LA IX OLIMPIADA	ÁMSTERDAM	
1932	JUEGOS DE LA X OLIMPIADA	LOS ÁNGELES	
1936	JUEGOS DE LA XI OLIMPIADA	BERLÍN	

1940	JUEGOS DE LA XII OLIMPIADA (CANCELADOS POR 2ª GUERRA MUNDIAL)	HELSINKI	
1944	JUEGOS DE LA XIII OLIMPIADA (CANCELADOS POR 2ª GUERRA MUNDIAL)	LONDRES	
1948	JUEGOS DE LA XIV OLIMPIADA	LONDRES	
1952	JUEGOS DE LA XV OLIMPIADA	HELSINKI	
1956	JUEGOS DE LA XVI OLIMPIADA	MELBOURNE	
1960	JUEGOS DE LA XVII OLIMPIADA	ROMA	
1964	JUEGOS DE LA XVIII OLIMPIADA	TOKIO	
1968	JUEGOS DE LA XIX OLIMPIADA	CD. MÉXICO	
1972	JUEGOS DE LA XX OLIMPIADA	MÚNICH	
1976	JUEGOS DE LA XXI OLIMPIADA	MONTREAL	
1980	JUEGOS DE LA XXII OLIMPIADA	MOSCÚ	
1984	JUEGOS DE LA XXIII OLIMPIADA	LOS ÁNGELES	
1988	JUEGOS DE LA XXIV OLIMPIADA	SEÚL	
1992	JUEGOS DE LA XXV OLIMPIADA	BARCELONA	
1996	JUEGOS DE LA XXVI OLIMPIADA	ATLANTA	
2000	JUEGOS DE LA XXVII OLIMPIADA	SÍDNEY	

2004	JUEGOS DE LA XXVIII OLIMPIADA	ATENAS	
2008	JUEGOS DE LA XXIX OLIMPIADA	BEIJING	
2012	JUEGOS DE LA XXX OLIMPIADA	LONDRES	
2016	JUEGOS DE LA XXXI OLIMPIADA	RÍO DE JANEIRO	
2020	JUEGOS DE LA XXXII OLIMPIADA	TOKIO	
2024	JUEGOS DE LA XXXIII OLIMPIADA	PARÍS	
2028	JUEGOS DE LA XXXIV OLIMPIADA	LOS ÁNGELES	

* Desde la antigua Grecia, la Olimpiada era el lapso que transcurría entre unos Juegos Olímpicos y los siguientes. Por ello, aunque hubo tres ediciones de Juegos Olímpicos de verano cancela-das, se continúan considerando en el conteo de Olimpiadas modernas.

ALBERTO LATI

Nació en la Ciudad de México en 1978. Es periodista y conductor de televisión, viajero y escritor, políglota y colaborador del Alto Comisionado de la ONU para los Refugiados. En 2013 publicó *Latitudes. Crónica, viaje y balón*, reeditado en una nueva versión como bestseller en 2016 (Debolsillo), al que añadió su novela *Aquí, Borya* en 2018 (Grijalbo) y *100 genios del balón* en 2019 (Plan B). Tras explorar en su libro anterior la infancia de los mejores futbolistas de la historia, en este volumen lo hace con los mejores atletas olímpicos, con sus inicios y obstáculos, con las dificultades detrás de cada sueño de ascenso al Olimpo.

ÍNDICE

100 dioses del Olimpo de Alberto Lati
se terminó de imprimir en febrero 2020
en los talleres de
Offset Santiago S.A. de C.V.
Ubicados en Parque Industrial Exportec,
Toluca, Estado de México. C.P 50200